W0259907

Peter Horvath

Online-Recherche
Neue Wege zum Wissen der Welt

Peter Horvath

Online-Recherche

Neue Wege zum Wissen der Welt

Eine praktische Anleitung zur effizienten Nutzung von Online-Datenbanken

Das in diesem Buch enthaltene Programm-Material ist mit keiner Verpflichtung oder Garantie irgendeiner Art verbunden. Der Autor und der Verlag übernehmen infolgedessen keine Verantwortung und werden keine daraus folgende oder sonstige Haftung übernehmen, die auf irgendeine Art aus der Benutzung dieses Programm-Materials oder Teilen davon entsteht.

Softcover reprint of the hardcover 1st edition 1994

Der Verlag Vieweg ist ein Unternehmen der Verlagsgruppe Bertelsmann International.

Gedruckt auf säurefreiem Papier

ISBN-13: 978-3-528-05392-5 e-ISBN-13: 978-3-322-84181-0
DOI: 10.1007/978-3-322-84181-0

„Dring, o Jünger, unverdrossen,
in des Wissens Werte ein -
Nur auf Pfaden, selbsterschlossen,
kannst du andern Führer sein"
(Hafis)

Vorwort

Der Microcomputer, für den sich im allgemeinen Sprachgebrauch die Bezeichnung Personalcomputer (PC) durchgesetzt hat, verändert seit den 80er Jahren viele Bereiche unserer Gesellschaft. Mit seiner Verbreitung vollzieht sich auch eine grundlegende Umgestaltung unserer Informationsinfrastruktur, und es beschleunigt sich der Übergang zur Informationsgesellschaft. Es entstehen neue Arten der Wissensspeicherung und neue Wege, die zu diesem Wissen führen.

Bisher war die wichtigste Form, in der unser Wissen gespeichert war, das bedruckte Papier. Die wichtigsten Datenträger waren Printmedien wie Bücher und Zeitschriften. Neue elektronische Formen ergänzen, erweitern und ersetzen nun Bereiche, die bisher den Printmedien vorbehalten waren, weil sie einen schnelleren und gezielteren Zugriff auf die gesuchten Informationen erlauben. Bücher, Kataloge, Zeitungen, Zeitschriften u.a. wurden bereits vor dem Siegeszug des PC mit Hilfe der elektronischen Datenverarbeitung hergestellt, mit der massenhaften Verbreitung des PC ist es aber gar nicht mehr notwendig, die Daten zu Papier zu bringen, um sie zu veröffentlichen; mit Hilfe des PC stehen sie der Öffentlichkeit ohne Umweg und Zeitverzögerung zur Verfügung und können von den Groß-Computern direkt abgerufen werden.

Und so wurden in den letzten Jahren in steigendem Maße Nachschlagewerke, Kataloge, Bibliographien u.a. – in der Regel handelt es sich um stark strukturierte Daten – als externe Datenbanken öffentlich angeboten. Extern nennt man diese Datenbanken, weil sie außerhalb des eigenen Computers meist auf Großrechnern zur Verfügung stehen und über Telefonleitungen und Datennetze erreicht werden können. Aus diesen Datenbanken können in wenigen Minuten Informationen abgerufen werden, für deren Beschaffung man sonst Stunden oder Tage brauchen würde.

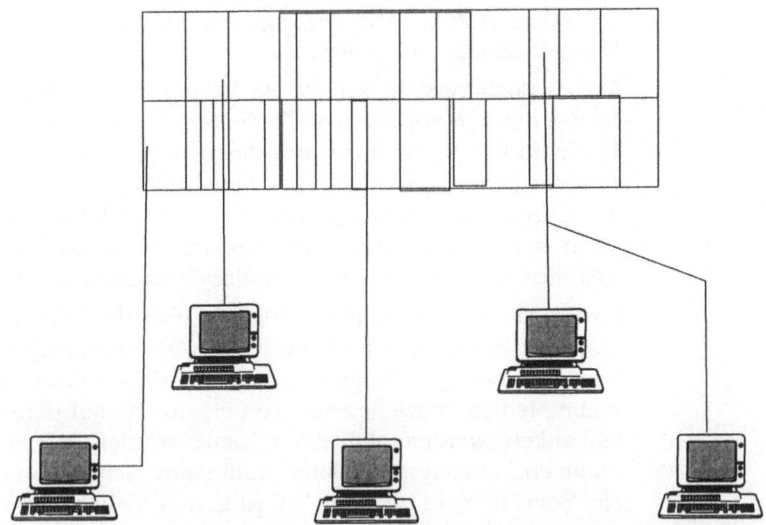

Es besteht für den Benutzer kein grundsätzlicher Unterschied, ob er eine Datenbank, die auf einer CD-ROM oder auf einer Diskette gespeichert ist, im Laufwerk des eigenen Rechners nutzt oder auf sie über ein Datennetz online zugreift. In beiden Fällen liegt eine Datei von stark strukturierten Daten vor, und in beiden Fällen bedarf es einer speziellen Abfrage-Software, um auf die Informationen zugreifen zu können. Im einzelnen bestehen die Unterschiede vor allem in der Zugriffszeit, in der Größe der Datenbanken, in der Kapazität des eigenen PC, in der Aktualisierung und den Kosten.

Ich werde den Bereich der Datenbanken, die auf CD-ROM, Diskette oder anderen Datenträgern vorhanden sind, ausklammern und mich im folgenden auf die externen Online-Datenbanken beschränken.

In den USA, wo zur Zeit die meisten externen Datenbanken öffentlich angeboten werden, gehört bereits in den Schulen und Hochschulen der Umgang mit ihnen zum Lehrplan, und die großen Datenbankanbieter stellen Bildungseinrichtungen ihre Datenbanken im Rahmen spezieller Programme zur Verfügung. Bei der Einbeziehung dieser neuen elektronischen Informationsmittel in die Ausbildung herrscht in der Bundesrepublik Deutschland noch ein erheblicher Nachholbedarf. Angesichts dieses Defizits hat die Bundesregierung sich in ihrem Fachinformationsprogramm das Ziel gesetzt, den Umgang mit elektronischen Datenbanken stärker in die Ausbildung an den Hochschulen einzubeziehen. Das Ziel ist, daß jeder Hochschulabsolvent in Zukunft in der Lage sein soll, elektronische Datenbanken selbständig zu benutzen.

Dieses Buch versteht sich als ein Beitrag, dieses Defizit abzubauen. Es wendet sich vor allem an Studenten, Wissenschaftler und an den Hochschulen Beschäftigte, um ihnen dabei behilflich zu sein, die neuen elektronischen Möglichkeiten für ihre Arbeit zu nutzen. Der Autor ist davon überzeugt, daß in einer nicht mehr so fernen Zukunft der Umgang mit elektronischen Datenbanken so selbstverständlich sein wird, wie es heute der Gebrauch eines Buches ist.

Ein Buch über elektronische Datenbanken befindet sich in einem Dilemma. Einerseits ist ein Buch ein verhältnismäßig schwerfälliger Informationsträger. Veränderungen auf dem Gebiet der elektronischen Medien vollziehen sich von einem Tag auf den anderen. Datenbanken werden aktualisiert, neue werden ins Programm genommen, Zugangsprozeduren verändern sich. Informationen, die ein Buch über diesen Bereich gibt, sind vielfach bereits überholt, wenn es die Regale der Buchhandlungen erreicht. Datenbankverzeichnisse, die nur wenige Jahre alt sind, haben heute kaum noch einen Informationswert. Andererseits können die Fragen nach Nutzen und Kosten der neuen Möglichkeiten schwerlich mit dem Hinweis auf die verfügbaren elektronischen Informationsmöglichkeiten beantwortet werden. Hier braucht es die Hilfe des traditionellen Informationsträgers "Buch", um die Brücke zwischen dem interessierten Anwender und dem verfügbaren Angebot der neue Informationswelt zu schlagen.

Im Bewußtsein dieses Dilemmas will dieses Buch nicht mit einer rasch aktualisierbaren elektronischen Datenbank konkurrieren. Es will konkret und praktisch sein, aber es hat nicht das Ziel, solche Detaillinformationen anzuhäufen, deren Lebensdauer gering ist. Es will versuchen, dem Leser den Weg zu weisen, den er gehen muß, um selbständig ans Ziel zu kommen und die Informationen zu finden, die er sucht. Es kann also durchaus passieren, daß Informationen, die das Buch gibt, überholt sind, und daß z.B. einige der dargestellten Beispiele nicht mehr in derselben Form nachvollzogen werden können, wofür ich den Leser von vornherein um Nachsicht bitten muß.

Zum Aufbau des Buches:

Kapitel 1 führt in das Thema ein, erläutert wichtige Begriffe, gibt einen knappen Abriß der Geschichte der Online-Datenbanken, einen kurzen Überblick über das weltweite Angebot und stellt einige Datenbankverzeichnisse vor.

Kapitel 2 geht zunächst von traditionellen bibliographischen Hilfsmitteln, wie Nationalbibliographien und Fachbibliographien, aus und beschreibt schließlich eine Reihe bibliographischer Online-Datenbanken, angefangen bei Nationalbibliographien, über Verbund- und Bibliothekskataloge bis hin zu thematisch orientierten Fachbibliographien. Ein weiterer Abschnitt führt Online-Quellendatenbanken vor, von Nachschlagewerken, über Zeitungen und Zeitschriften bis hin zu Statistiken. Am Ende dieses Kapitels werden anhand von 3 Beispielen die Recherchekosten genauer beleuchtet.

Kapitel 3 listet in alphabetischer Reihenfolge die Hosts auf, deren Datenbanken in Kapitel 2 aufgeführt worden sind.

Kapitel 4 beschreibt die Datennetze Datex-P und WIN.

Kapitel 5 stellt das Internet, ein internationales Datennetzwerk, vor, das vor allem im Bereich der Forschung und Wissenschaft eine bedeutende Rolle spielt.

In Kapitel 6 geht es um den Online-Dienst CompuServe mit seinem Angebot.

Kapitel 7 gibt einen kurzen Überblick über die wichtigsten Voraussetzungen für die Online-Recherche, vom Modem bis zur Host-Anmeldung.

Kapitel 8 beschreibt am Beispiel des Programms Procomm die Probleme der Installation und Einstellung eines Kommunikationsprogramms.

Kapitel 9 und 10 schließlich stehen ganz im Zeichen der Praxis; Kapitel 9 gibt eine Reihe von Beispielen für Online-Recherchen in verschiedenen Datenbanken; Kapitel 10 beschäftigt sich mit Internet-Ressourcen.

Im Anhang schließlich findet sich ein Verzeichnis von Online-Ressourcen (Anhang A) und eine Übersicht über die Datenbanken des Knowledge Index (Anhang B).

Noch ein Wort zum Untertitel des Buches: *Neue Wege zum Wissen der Welt*. Ich möchte mich an dieser Stelle bei der Zeitschrift Cogito bedanken, die ihrerseits diesen Titel im genannten Fachmagazin benutzt und mir freundlicherweise die Verwendung des – wie ich finde sehr treffenden – Titels gestattete.

Hamburg im November 1993 Peter Horvath

Inhaltsverzeichnis

1 Einleitung

Heute spielen Datennetze und elektronische Datenbanken eine wichtige Rolle in vielen Bereichen unseres Lebens, auch wenn wir uns dessen gar nicht immer bewußt sind. Von Ereignissen, kaum daß sie geschehen sind, erreichen uns Nachrichten in kurzer Zeit. Elektronische Datenströme regeln heute die Devisen- und Aktienkurse; der Computer-Terminal im Reisebüro gibt Auskunft, ob am Ferienort noch Zimmer frei sind, per Tastendruck kann ein Platz im Zug reserviert werden und der Kreditkartenleser überprüft innerhalb von Sekunden die Bonität.

1.1 Datenbanken

Die Verwaltung von Daten der unterschiedlichsten Art ist keine Erscheinung der neueren Zeit. Datenverwaltungssysteme hat es in der menschlichen Geschichte viele gegeben, und sie sind keineswegs an den Computer gebunden. Das Sammeln, Sortieren und Speichern von Daten reicht zurück bis an die Anfänge unserer Kultur und ist eng verbunden mit der Herausbildung von Schrift- und Zahlensystemen.

Datensammlungen, wie Einwohner-, Heirats- oder Steuerlisten, wurden in vergangenen Jahrhunderten in Stein, Ton oder auf Papyrus geführt. Papier setzte sich in Europa erst seit dem 15. Jhd. als Speichermedium durch.

Im Prinzip ist eine Datenbank eine umfangreiche Liste von Informationen, die in der Regel aus Buchstaben und/oder Zahlen bestehen. Typische Datenbanken sind Telefonbücher, Adressverzeichnisse, Lexika, Fahrpläne u.ä. Diese Datenbanken machen den Zugriff auf die gewünschten Informationen möglich, weil sie Daten nach bestimmten Regeln anordnen. Verbreitete Ordnungssysteme sind die alphabetische Sortierung, die Seitennummerierung, Inhaltsverzeichnisse und Stichwortregister.

Als Elektronische Datenbank bezeichnet man ein spezielles System der Datenorganisation auf einem Computer. Dabei wird im Deutschen, anders als im Englischen, der Begriff Datenbank sowohl für spezielle Anwenderprogramme, mit denen die Daten verwaltet werden, als auch für die Datensammlungen selbst benutzt.

Eine Datenbank besteht aus der Datensammlung (Database) und dem Anwenderprogramm, dem Data Base Management System (DBMS), mit dessen Hilfe die Daten aufgenommen, weiterverarbeitet, abgespeichert und wieder ausgegeben werden können.

Im wesentlichen bestehen Datenbanksysteme aus den Eingaben, dem Verarbeitungsprozeß und der Ausgabe. Daten werden meist über die Tastatur in einen Computer eingegeben, das jeweilige Programm verarbeitet und speichert sie auf geeigneten Medien wie z.B. Magnetbändern, Disketten oder Compact Disks (CD); schließlich können die abgelegten Informationen aufgerufen und wieder ausgegeben werden.

Das Auffinden von Daten wird als Informations-Retrieval (Retrieval: Wiederfinden) bezeichnet. Umfassende Informationssysteme nennt man in der Fachsprache Information Storage and Retrieval Systems (ISAR), Systeme zum Speichern und Auffinden von Informationen.

Wer heute mit einem Personal-Computer arbeitet, benutzt meist auch ein Datenbanksystem und verwaltet die Adressen und Telefonnummern seiner Bekannten oder die Literaturverzeichnisse seiner Seminararbeiten. Eines der bekanntesten und verbreitetsten Datenbanksysteme ist wohl das Programm DBASE.

Mit "line" wird im Englischen die Telefonleitung bezeichnet und "on line" bedeutet, daß die Verbindung zu einem anderen Telefon hergestellt ist. Wenn man im Zusammenhang mit Computern von "online" spricht, dann meint man damit, daß eine direkte Verbindung zu einem anderen Computer besteht, dabei kann die Verbindung über ein Kabel, das Telefonnetz, ein spezielles Datennetz oder eine Kombination dieser Möglichkeiten hergestellt sein.

Online bedeutet, daß man mit einer Datenquelle direkt verbunden ist, und über die bestehende Verbindung ein direkter Datenaustausch stattfinden kann.

Datenbanken, die nicht auf dem eigenen Computer zur Verfügung stehen, nennt man externe Datenbanken und werden diese in der direkten Verbindung genutzt, bezeichnet man sie als Online-Datenbanken und den Vorgang der Informationsgewinnung als Online-Recherche.

Man unterscheidet zwischen Herstellern von Datenbanken, den Datenbankproduzenten, und den Anbietern von Datenbanken. Datenbankanbieter oder Datenbankbetreiber werden auch als Host bezeichnet. Host (Gastgeber) ist die Bezeichnung für den gastgebenden Rechner, den man als Gast benutzt, um auf die Datenbanken der unterschiedlichen Hersteller, die auf ihm beherbergt sind, zugreifen zu können. Für die Informationen der jeweiligen Datenbank ist der Produzent, für das Anwenderprogramm, das die Art und Weise der Informationsabfrage regelt und damit die Benutzerumgebung festlegt, ist der jeweilige Host verantwortlich.

1.2 Kurze Geschichte der Online-Datenbanken

In den 60er Jahren begannen Computer in Forschungsinstituten, staatlichen Behörden und privaten Betrieben Einzug zu halten. So unterschiedlich die Institution war, die einen Computer benutzte, so unterschiedlich die Informationen, die verarbeitet und gespeichert wurden. Bei den Computern handelte es sich um Großrechner sog. "Mainframes", an die Terminal, Drucker, Speichergeräte (wie z.B. Lochkartenleser, Bandgeräte) und andere Peripheriegeräte angeschlossen waren.

Zwar konnten auch diese Computer nur jeweils eine Aufgabe nach der anderen bewältigen, aber weil die Aufgaben in viele kleine Segmente zerlegt wurden, und diese Teilaufgaben so schnell bearbeitet wurden, daß es erschien als ob es gleichzeitig geschähe, war es möglich, daß mehrere Benutzer (User) den Computer gleichzeitig für verschiedene Aufgaben in Anspruch nehmen konnten.

Es war möglich, daß auf demselben Computer gleichzeitig die unterschiedlichsten Programme ausgeführt werden konnten. Während ein Programm Lohn- und Gehaltsabrechungen erstellte, war ein anderes damit beschäftigt, offene Rechnungen auszusortieren und ein drittes berechnete mathematische Formeln.

Die Rechnerzeit wird auf mehrere Benutzter aufgeteilt, deshalb nennt man diese Computersysteme auch "Multiuser-" oder "Timesharing-Systeme".

Die Terminals, meist fest mit einer Tastatur verbunden, befanden sich an den Arbeitsplätzen und waren über entsprechende Kabel mit dem Rechner verbunden. Je größer die Institutionen, desto grösser meist auch der räumliche Abstand zwischen dem Arbeitsplatz des jeweiligen Nutzers und dem Rechner. Es handelte sich um örtliche Netzwerke, sog. "Local Area Networks" (LANs), bei denen meist ein Mainframe-Rechner das Zentrum bildete; es waren "Inhouse"-Systeme, die für den internen Gebrauch konzipiert und räumlich begrenzt waren und nur den Mitarbeitern der jeweiligen Institution zur Verfügung standen.

Bild 1.1: LAN mit zentralem Mainframe

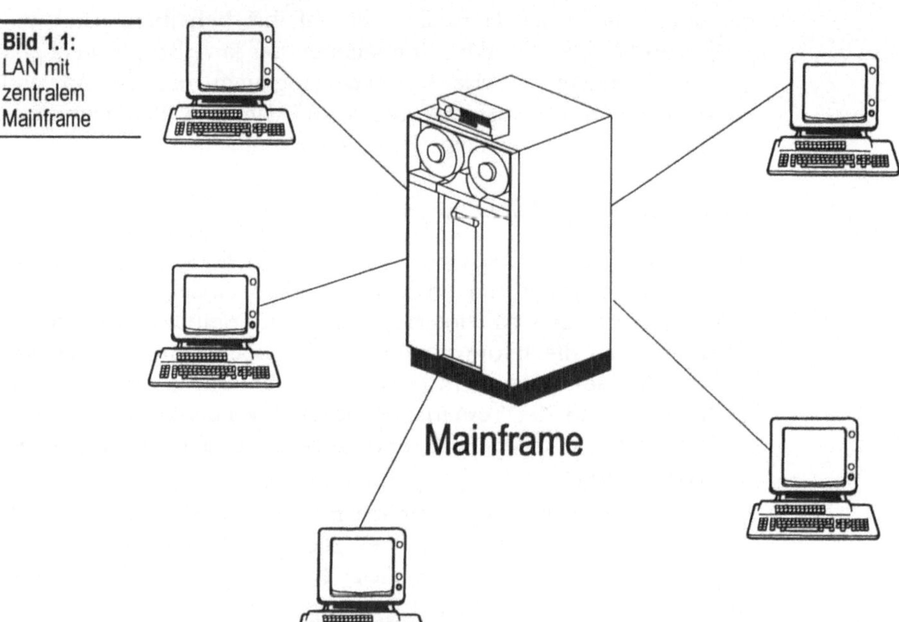

Mit der Entwicklung der technischen Möglichkeit, einen Terminal auch über das Telefonnetz mit einem Rechner verbinden zu können, entfiel die räumliche Beschränkung. Die Entwicklung und Verbreitung des Micro-Computers in den 70er und 80er Jahren, und die Errichtung öffentlicher internationaler Datennetze seit Ende der 60er Jahre machte es in großem Umfang möglich, Datenbanken online zu nutzen.

Für die Betreiber der intern genutzten Datenbanken eröffnete sich damit die Möglichkeit, die Nutzung ihrer Datenbanken öffentlich zu vermarkten. Viele der heute existierenden Hosts begannen als Inhouse-Informationssysteme; sie waren meist bei Institutionen angesiedelt, die über ausreichendes Geld und über einen großen Informationsbedarf verfügten. Das war vor allem im Bereich der Luft- und Raumfahrt-Forschung – man denke nur an das Mondlandungsprogramm Ende der 60er Jahre – und der damit eng verbundenen Militärindustrie der Fall.

Die National Aeronautics and Space Administration (NASA), die Atomic Energy Commission und die National Science Foundation entwickelten im Laufe der 60er und 70er Jahre spezielle Datenbanken. Dialog Information Inc. in Kalifornien, einer der heute führende Datenbankanbieter der Welt, begann als Informationsdienst des Flugzeugherstellers Lockheed in Florida und bot erstmals 1972 seine Datenbanken öffentlich an.

Mitte der 60er Jahre wurde zwischen der NASA und der ESRO, der Vorläuferin der Europäischen Weltraumbehörde (European Space Agency (ESA)), ein Abkommen über den Informationsaustausch geschlossen, und im Rahmen eines Inhouse-Dienstes wurde der Zugang zur NASA-Datenbank ermöglicht. Eine Standleitung nach Darmstadt stellte die Verbindung zur deutschen Niederlassung der ESA, dem European Space Operation Centre, her. Erstmals 1972 wurden vom Information Retrieval Service (IRS) der ESA Datenbanken online angeboten.

Ein wichtige Antrieb zum Auf- und Ausbau von Online Diensten waren neben Forschung und Entwicklung wirtschaftliche Interessen. American Airlines z.B. führten 1964 unter dem Namen SABRE ein elektronisches Buchungs- und Reservierungssystem ein, um eine möglichst effektive Auslastung der eingesetzten Flugzeuge zu erreichen. Der Wunsch, möglichst schnell über weltweite Märkte, Marktteilnehmer und die Veränderungen informiert zu werden, wurde von den sog. "Ticker"-Diensten, die das Telex-Netz benutzten, um ihre Daten zu übertragen, nur sehr unzureichend erfüllt. So entstanden Real-Time Dienste, die unter Nutzung der neuen Datennetze und des PCs ihre Kunden in der ganzen Welt zeitgleich mit den Daten von den wichtigsten Weltmärkten, mit Rohstoffpreisen, Börsen- und Devisenkursen, versorgten. Zeitverzögerungen bei der Informationsvermittlung, die früher Marktteilnehmern einen Informationsvorsprung verschafft hatten, entfielen damit.

1.3 Die Fachinformationsprogramme der Bundesregierung

In der Bundesrepublik Deutschland bemühte sich die Bundesregierung mit der Entwicklung, die vor allem von den USA ausging, Schritt zu halten und begann seit Mitte der 70er Jahre aktiv die Entwicklung elektronischer Datenbanken zu betreiben. Dazu dienten das Programm zur Förderung der Information und Dokumentation (IuD-Programm) 1974-1975 und die Fachinformationsprogramme 1985-1988 und 1990-1994.

Weil elektronische Datenbanken nur in wenigen Bereichen, wie z.B. dem Bereich der Wirtschaftsinformationen, kostendeckend arbeiten, sah sich die Bundesregierung verlanlaßt, aktiven Einfluß auf die Entwicklung und Nutzung von Datenbanken zu nehmen. Es wurden zu bestimmten Themengebieten Fachinformationszentren (FIZ) gegründet, deren Aufgabe darin bestand, elektronische Datenbanken zu produzieren und anzubieten.

Tabelle 1-1: Von der Bundesregierung geförderte Fachinformationseinrichtungen

FIZ Chemie
FIZ Karlsruhe
GEOFIZ (Informationszentrum Rohstoffgewinnung, Geowissenschaften, Wasserwirtschaft)
FIZ Technik
DITR (Deutsches Informationszentrum für technische Regeln; Literaturdatenbank technische Regeln)
FIZ Werkstoffe
IRB (Informationszentrum RAUM und BAU der Fraunhofer Gesellschaft)
IZ Sozialwissenschaften
DIMDI (Deutsches Informationszentrum für medizinische Dokumentation und Information)
ZADI (Zentralstelle für Agrardokumentation und -informtion)
BISP (Bundesinstitut für Sportwissenschaft)
UBA/UMPLIS (Umweltbundesamt und Informations- und Dokumentationsssytem Umwelt)
ZIV (Zentrale Informationsstelle für Verkehr)

JURIS (Juristisches Informationssystem für die Bundesrepublik Deutschland)
STATIS-BUND (Statistisches Informationssystem des Bundes)
Fachinformationsverbund Internationale Beziehungen und Länderkunde

Tabelle 1-2: Von der Bundesregierung geförderte Hosts

das FIZ Karlsruhe fördert den Host Scientific and Technical Information Network (STN-International) zusammen mit der American Chemical Society in Columbus (USA) und dem Japan Center for Science and Technology (JISCT) in Tokio;
das Deutsches Institut für medizinische Dokumentation und Information (DIMDI) in Köln;
das FIZ Technik, das seine Datenbanken im Verbund mit dem Host Data-Star anbietet;
JURIS, das Rechtsinformationssystem des Bundes;
STATIS-BUND, das Statistische Informationssystem des Bundes.
(FIZ: Fachinformationszentrum; IZ: Informationszentrum)
(Quelle: Fachinformationsprogramm der Bundesregierung 1990-1994, S.26f.)

Nach einer Anschubfinanzierung durch den Staat sollten Produzenten und Anbieter kostendeckend arbeiten. 1990 lag der Kostendeckungsgrad der geförderten Fachinformationseinrichtungen bei rd. 44%.

Für die Förderung der Fachinformation, wozu Subventionen für Fachinformationseinrichtungen, für Wissenschaftliche Bibliotheken und die Produktion von Datenbanken gehören, sollen in den Jahren 1990 bis 1994 rd. 2 Mrd DM, also pro Jahr rd. 400 Mio DM aufgewendet werden.

Im Fachinformationsprogramm 1990-1994. wird der Bereich der elektronischen Datenbanken unter den Oberbegriff der Fachinformation eingeordnet. Fachinformation wird definiert als das Wissen, "das für die Bewältigung fachlicher Aufgaben im Beruf, in Wissenschaft und Forschung, in Wirtschaft und Staat benötigt wird." (Fachinformationsprogramm 1990-1994,1991, S.5)

In dem Programm wird bemängelt, daß "Wirtschaft und Staat, Wissenschaftler in Forschung und Hochschulen über das internationale Angebot an Fachinformationen in Datenbanken nicht immer hinreichend informiert" sind, und das vorhandene Angebot nur sehr unzureichend genutzt wird. "Die Folge sind hohe Kosten für die Volkswirtschaft durch einen unwirtschaftlichen Suchprozeß und durch ein nicht ausgeschöpftes Potential an vorhandenem, aber nicht genutztem Wissen." (Ebenda S.7) "Erst die neuen Verfahren der Informationstechnik ermöglichen eine sinnvolle Erschließung der exponentiell wachsenden Menge an Forschungsergebnissen. Sie eröffnen auch die Chance, die verschiedenen Wissensgebiete wieder überschaubar zu machen und Synergieeffekte zwischen ihnen zu fördern." Der optimalen "Erschließung und Bereitstellung einmal erarbeiteten Wissens für eine weitere Nutzung in Wissenschaft, Wirtschaft und Staat" kommt eine Schlüsselrolle zu. (Ebenda, S.9) "Die Bundesregierung hält es angesichts dieser Situation für erforderlich, daß die Nutzung von zentralen und dezentralen Fachinformationssystemen in Hochschulen und Forschungseinrichtungen in den nächsten Jahren mit den folgenden zwei Zielrichtungen signifikant gesteigert wird: - den Umgang mit elektronischer Fachinformation in Lehre und Ausbildung der Hochschulen einzubeziehen; Ziel muß sein, die Absolventen auch in dieser Hinsicht zu qualifizieren und ihnen die Fähigkeit zu geben, elektronische Fachinformation auch bei der Ausübung ihres Berufes in Wirtschaft, Wissenschaft und Staat zu nutzen. - Qualität und Effizienz der wissenschaftlichen Arbeit in den Hochschulen und Forschungseinrichtungen zu steigern sowie den Know-how-Transfer zwischen den verschiedenen Hochschulen und Forschungseinrichtungen aber auch zwischen Hochschulen, Forschung und Wirtschaft zu verbessern." (Ebenda, S.35) "Ein wesentliches Element eines jeden wissenschaftlichen Studiums und der wissenschaftlichen Tätigkeit in Hochschulen, aber auch im FuE-Bereich (Anm. FuE: Forschung und Entwicklung P.H.) der Unternehmen, ist der qualifizierte Umgang mit der Fachliteratur. Hierzu wird in Zukunft neben den konventionellen Methoden des Bibliographierens auch die gezielte Suche nach Veröffentlichungen und Fakten in elektronischen Informationsspeichern gehören. Die systematische Nutzung elektronischer Fachinformation wird jedoch in der Ausbildung kaum gelehrt; vielfach behindern fehlende organisatorische und finanzielle Voraussetzungen bei den Hoch- und Fachhochschulen die Aktivitäten zur Aus- und Fortbildung im Bereich der Fachinformation und damit gleichzeitig eine stärkere Nutzung der elektronischen Fachinformation." (Ebenda, S.51)

1.4 Datenbankverzeichnisse

Zu Online-Datenbanken im weitesten Sinne zählen Realtime-Dienste, die z.B. Börsen- und Devisenkurse übermitteln und Transaktionen wie Reisebuchungen, Geldüberweisungen u.ä. zulassen. Im engeren Sinne versteht man darunter Datenbanken, die den Zugriff auf spezifische Fachinformationen erlauben.

Bild 1.2: Elektronische Datenbanken

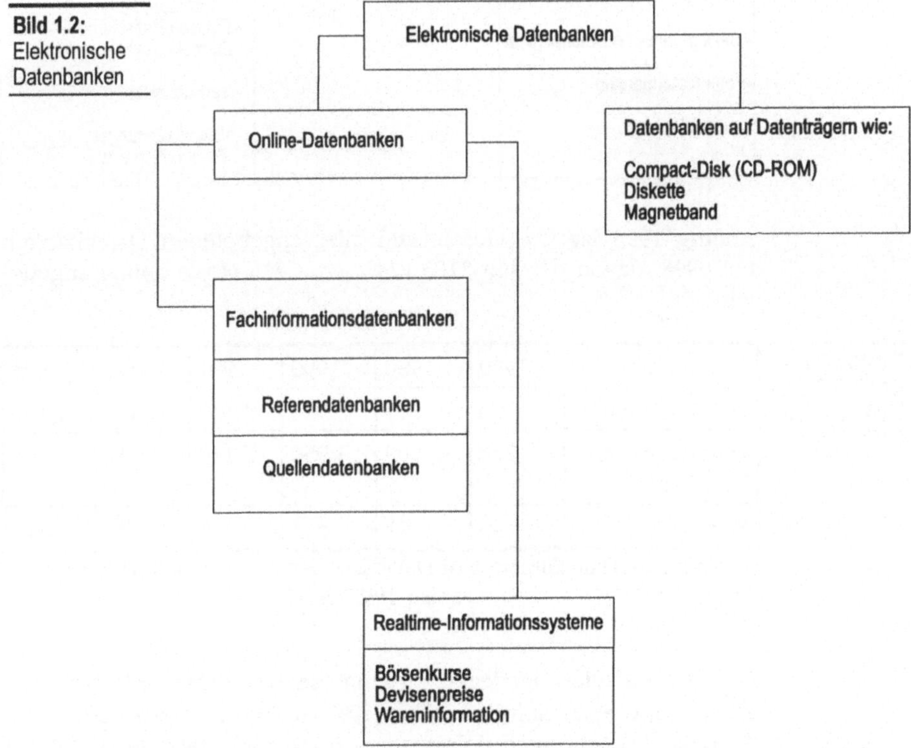

Referenzdatenbanken enthalten Informationen über eine Primärquelle, z.B. ein Buch oder einen Artikel, während Quellendatenbanken die Primärinformationen, z.B. Zahlen, Fakten, Artikel, enthalten. Zu den Referenzdatenbanken zählen vor allem die bibliographischen Datenbanken, während Volltext- und Faktendatenbanken zu den Quellendatenbanken zählen.

Bild 1.3: Online Datenbanken / Fachinformation

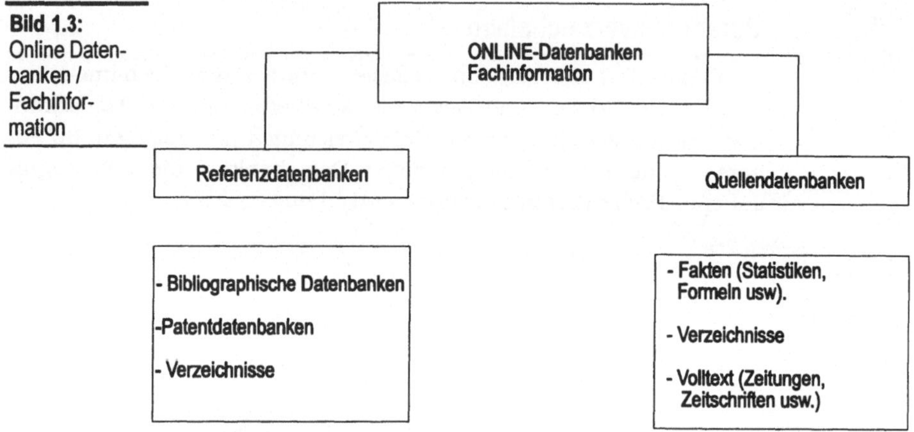

Anfang 1993 lag die Gesamtzahl aller angebotenen Datenbanken bei 6998, davon wurden 5183 (74%) von 818 Hosts online angeboten.

Tabelle 1-3: ONLINE-Datenbanken weltweit (1979-1993)

	1979	1980	1990	1991	1992	1993
Datenbanken	300	411	3.943	4.332	4.447	5.183
Datenbank-hersteller	221	269	1.950	2.120	2.033	2.204
Hosts	59	71	645	718	772	818

(Quelle: Gale Directory of Databases. Hrsg. von K.Y.Marcaccio, Januar 1993, S.X)

Bezogen auf die abgedeckten Fachgebiete entfielen 33% auf Wirtschafts- und Finanzinformationen, 19% auf Naturwissenschaften und Technik, 11% auf Rechtsinformationen, 9% auf Allgemeines, 9% auf Gesundheit und Medizin, 6% auf Sozialwissenschaften, 5% auf Nachrichten und 4% auf Geisteswissenschaften; 4% waren multidisziplinär.

Bezogen auf die Herstellerländer kamen Anfang 1993 rd. 4700 (67%) aller Datenbanken aus Nordamerika, davon 455 (7%) aus Kanada, und rd. 1800 (26%) aus Westeuropa; davon aus Großbritannien 652 (9%), aus Frankreich 315 (5%) und aus Deutschland 280 (4%).

Tabelle 1-4: Datenbanken nach Herstellerregionen (1991 und 1992)

	1991 Anzahl	%	1992 Anzahl	%
Afrika	7		7	
Asien	28		25	
Ferner Osten	155	(3%)	171	(2%)
Australien	119	(2%)	161	(2%)
Ost-Europa	11		12	
West-Europa	1.473	(24%)	1.838	(26%)
Nord-Amerika	4.424	(71%)	4.768	(68%)
Süd-Amerika	44		16	

(Quelle: Gale Directory of Databases, S.XXIV)

Der Markt der Online-Datenbanken ist von sehr starkem Wachstum und damit von raschen Veränderungen geprägt. Wer etwas über die Datenbanken wissen will, die vorhanden sind, hat sich auf einem schnellebigen Gebiet zurechtzufinden. Datenbankanbieter verschwinden, Datenbanken erhalten andere Namen, und neue Hosts tauchen auf.

Das wohl umfassendste und aktuellste Datenbankverzeichnis ist das "Gale Directory of Databases"; es ist hervorgegangen aus dem Verzeichnis "Computer Readable Databases", das seit den 70er Jahren von Martha M. Williams herausgegeben wurde, und den beiden von der Firma Cuadra Associates publizierten Verzeichnissen "Directory of Online Databases" und "Directory of Portable Databases". Das Verzeichnis erscheint halbjährlich in zwei Bänden. Als elektronische Datenbank ist das Verzeichnis bei den Hosts Data-Star (Schweiz), Dialog (USA), Orbit (Großbritannien) und Questel (Frankreich) verfügbar.

Die Datenbank "I'M GUIDE" wurde gegründet, um über den europäischen Informationsmarkt, über Datenbanken, Datenbankproduzenten und Informationsvermittler, zu informieren; sie steht bei ECHO (European Commission Host Organisation), dem Host der Europäischen Kommission, online zur Verfügung und enthält mittlerweile Informationen über Datenbanken der ganzen Welt. Das "Who is Who? Jahrbuch der Online-Szene" wird jährlich anläßlich der Fachmesse "Infobase", auf der Datenbankproduzenten und -anbieter über ihre aktuellen Produkte informieren, als Buch herausgegeben. Es verzeichnet Datenbanken, die in Deutschland, Österreich und der Schweiz hergestellt werden. Die elektronische Ausgabe wird vierteljährlich aktualisiert und ist beim FIZ-Technik in Karlsruhe als "EDDA - Elektronisches Datenbankverzeichnis Deutschland, Österreich, Schweiz" erreichbar.

Regelmäßig erscheinen das "Handbuch der Datenbanken für Naturwissenschaft, Technik, Patente" und das "Handbuch der Wirtschafsdatenbanken"; beide Nachschlagewerke informieren über weltweit zugängliche Datenbanken.

1.4.1 Online Datenbankverzeichnisse

Gale Directory of Databases

Hersteller: Gale Research Inc., Michigan

- Host: Data-Star
- Host: Dialog
- Host: Orbit
- Host: Questel

Inhalt: Verzeichnis der weltweit öffentlich zugänglichen Datenbanken, Datenbankanbieter und Hersteller mit Datenbankbeschreibung und Adreßverzeichnis. Verzeichnet sind auch Datenbanken, die auf CD-Rom, Disketten oder Magnetbändern zur Verfügung stehen. Entspricht der gedruckten Ausgabe von "Gale Directory of Databases" Bd. 1 Online Databases und Bd 2. CD-ROM, Diskettes etc.

Elektronisches Datenbankverzeichnis Deutschland, Österreich, Schweiz - EDDA

Hersteller: Gesellschaft für Mathematik und Datenverarbeitung

Host: FIZ-Technik

Inhalt: Verzeichnis der Datenbanken, die in Deutschland, Österreich und der Schweiz hergestellt werden; wird vierteljährlich aktualisiert.Entspricht der gedruckten Ausgabe von: "Who is Who. Das Jahrbuch der Online-Szene".

IM Guide

Hersteller: European Information Industry Association (EIIA)

Host: ECHO

Inhalt: Den Schwerpunkt bilden Informationen über den europäischen Informationsmarkt. Verzeichnet sind Elektronische Datenbanken, Datenbankproduzenten, Host-Organisationen und Informationsbroker. IM GUIDE ersetzt die Datenbanken "Dianeguide" und "Brokersguide"; wird alle 2 Wochen aktualisiert.

2 Referenz- und Quellendatenbanken

2.1 Bibliographische Hilfsmittel

Ein zentrales Problem, mit dem sich alle wissenschaftlichen Disziplinen gleichermaßen beschäftigen müssen, ist das Problem der Informationsgewinnung und -auswertung. Es geht um die richtige Auswahl von wissenschaftlichen Informationen aus einem immer schneller wachsenden Informationsangebot. Der Kern des Problems ist die schnelle und möglichst vollständige Erfassung des zu einem Thema vorhandenen Wissens.

Das Problem ist heute nicht, daß es zu einem Thema keine Veröffentlichungen gibt, sondern daß es eine unübersehbare Menge gibt. Die wissenschaftlichen Fachgebiete wachsen in Breite und Tiefe. Die bearbeiteten Fragestellungen werden immer differenzierter, und selbst Wissenschaftler derselben Fachrichtung wissen, wenn sie mit unterschiedlichen Themenstellungen befaßt sind, kaum etwas von den Fragestellungen und den Fachaufsätzen des anderen.

Die Frankfurter Buchmesse verzeichnet rd. 100.000 Neuerscheinungen jährlich, allein in der Bundesrepublik werden 600 Zeitungen und 20.000 Fach- und Publikumszeitschriften herausgegeben. Weltweit erscheinen in rd. 180 Ländern über 100.000 Fachzeitschriften. Für das Jahr 2025 prognostizieren Experten, daß sich dann die Informationsmenge pro Woche verdoppeln wird. Entscheidend für die Zukunft wird es also sein, aus einem überwältigenden Angebot eine schnelle zielgerichtete Auswahl treffen zu können, um nicht an der Informationsmenge zu ersticken.

Bereits vor der Verbreitung des Computers wurden unterschiedliche Methoden entwickelt, das vor allem in gedruckter Form, in Büchern und Zeitschriften, gespeicherte Wissen systematisch zu erfassen. Das wichtigste Hilfsmittel war und ist die Bibliographie. Ursprünglich bezeichnete man mit dem Begriff Bibliographie ein Verzeichnis von Büchern. Heute bezeichnet man mit Bibliographie sowohl die Verzeichnung von Druckschriften, wie Monographien und Aufsätzen, als auch von Mikroformen wie Mikrofilm und Mikrofiche und von audiovisuellen Medien, wie Film und Fotos.

Unter Bibliographie wird heute "die Verzeichnung aller verfielfältigten und öffentlich vertriebenen Medien" (Allischewski, 1986, S.1) verstanden. Aufgabe und Zweck von Bibliographien ist die Beschreibung und sachliche Erschließung von Medien. Beschrieben wird ein Medium durch die Angabe der Formalien, die meist dem Titelblatt entnommen werden.

Bei der Beschreibung von Medien hat es in den letzten Jahrzehnten eine Reihe von internationalen Vereinheitlichungen gegeben, um zu erreichen, daß nationale bibliographische Beschreibungen auch international übernommen werden können, und daß Titelaufnahmen, die in gedruckter Form vorliegen, mit geringem redaktionellen Aufwand in eine maschinenlesbare Form gebracht werden können.

Die bibliographische Beschreibung beinhaltet in der Regel folgende Angaben: Autor oder Herausgeber, Titel und Untertitel, Reihe, Ort, Jahr, International Standard Book Number (ISBN), eine internationale Kodierung für Bücher, oder, bei Zeitschriften, die International Standard Serial Number (ISSN), eine internationale Kodierung für Periodika. Die sachliche Erschließung findet mit der Zuordnung zu einem Fachgebiet und zu einem oder mehreren Schlagwortbegriffen, sog. "Deskriptoren", statt. Für die sachliche Erschließung und Indizierung von Medien gibt es unterschiedliche Regelwerke, die nicht nur national, sondern auch von Bibliothek zu Bibliothek unterschiedlich sein können.

2.1.1 Nationalbibliographien

Das europäische Geistesleben war bis in die Anfänge des 19. Jhd. übernational orientiert, das Lateinische war die Sprache der Gelehrsamkeit, das Französische die Sprache der Gesellschaft. Mit der Herausbildung der Nationalstaaten im 19. Jhd. traten die an die jeweilige Landessprache gebundenen Kulturen des Bürgertums in den Vordergrund. Ihre bibliographischen Bedürfnisse, das Zensurinteresse der politischen Instanzen und das starke Anwachsen der Buchproduktion führten zum Entstehen von "Nationalbibliographien".

Unter "Nationalbibliographie" versteht man sowohl amtliche, als auch andere Verzeichnisse, die wenigstens einen Teil der Buchproduktion eines Landes erfassen. Dabei liegen den zahlreichen Nationalbibliographien unterschiedliche Konzeptionen zugrunde.

Bei der Territorialkonzeption werden alle Publikationen, die auf dem Gebiet des jeweiligen Landes erscheinen, zur Nationalbibliographie gezählt.

Die Sprachkreiskonzeption zählt die gesamte Literatur, die in der jeweiligen Sprache erscheint, dazu. Es gibt Konzeptionen, die auch die landeskundliche Literatur, die in anderen Sprachen erscheint, und auch Übersetzungen in fremde Sprachen zur Nationalbibliographie hinzuzählen.

2.1.1.1 Bundesrepublik Deutschland

Bis zur Wiedervereinigung gab es in Deutschland zwei Nationalbibliographien. In der Bundesrepublik wurde seit 1947 die "Deutsche Bibliographie" von der Deutschen Bibliothek in Frankfurt/Main in verschiedenen Reihen, und in der DDR seit 1946 die "Deutsche Nationalbibliographie und Bibliographie des im Ausland erschienen Schrifttums" von der Deutschen Bücherei in Leipzig herausgegeben.

Seit 1990 nun gibt die, aus der Deutschen Bücherei (Leipzig), der Deutschen Bibliothek (Frankfurt/Main) und dem Deutschen Musikarchiv (Berlin) gebildete, "Deutsche Bibliothek" die "Deutsche Nationalbibliographie und Bibliographie der im Ausland erschienenen deutschsprachigen Veröffentlichungen" heraus. Aufgabe ist die Sammlung, Inventarisierung, Aufbewahrung und Sicherung aller seit 1913 in Deutschland erschienenen Publikationen, aller seit 1913 im Ausland erschienenen Publikationen in deutscher Sprache, sowie Übersetzungen deutschsprachiger Werke und fremdsprachige Veröffentlichungen über Deutschland.

Das "Verzeichnis lieferbarer Bücher (VLB) - German Books in Print" ist das Verzeichnis der im Buchhandel erhältlichen Publikationen, die 1. Ausgabe erschien 1971.

2.1.1.2 Großbritannien

Die "British National Bibliography" wird von der "British Library" seit 1950 herausgegeben. Sie folgt einer Territorialkonzeption und verzeichnet Drucke aus Großbritannien und Irland. "British Books in Print", herausgegeben von der Firma Whitaker (London), verzeichnet die Bücher des britischen Buchhandels.

2.1.1.3 USA

Die "Library of Congress" (LoC), die 1800 als Bibliothek des amerikanischen Kongresses gegründet wurde, ist die wohl größte Bibliothek der Welt und de facto die Nationalbibliothek der USA.

Seit 1969 erfolgt die Titelaufnahme per Computer im MARC-Format (MARC: Machine Readable Cataloging Records). Die Daten der aufgenommenen Titel werden wöchentlich an die Bibliotheken in den USA weitergegeben, und die Firma Bowker veröffentlicht die Titel im "Weekly Record" und im "American Book Publishing Record".

Von der LoC wird seit 1955 der "National Union Catalog" herausgegeben, der die Bestände der amerikanischen Bibliotheken verzeichnet. Der Katalog der LoC, der seit 1981 nicht mehr gedruckt wird, sondern nur noch als elektronische Datenbank vorliegt, verzeichnet aber keineswegs nur Veröffentlichungen aus den USA oder Publikationen in englischer Sprache, sondern Medien aus der ganzen Welt.

Das alte Prinzip der Nationalbibliographie ist hier weder im Sinne der Territorialkonzeption noch im Sinne der Sprachkreiskonzeption gültig. Das Verzeichnis "Books in Print" verzeichnet die Bücher des US-amerikanischen Buchhandels.

2.1.2 Das Abstract (Kurzreferat)

Formale Erfassung und inhaltliche Zuordnung von Druckschriften und anderen Medien sind wichtige Hilfen bei der Suche nach der geeigneten Literatur, aber sie sind doch noch sehr unzulänglich. Die Indizierung in Schlagwortkatalogen oder Fachbibliographien richtet sich in der Regel nach dem Titel und falls vorhanden dem Untertitel.

Aber wie häufig versprechen Buchtitel, was die Bücher dann nicht halten. Um so wichtiger ist es über die formale und sachliche Erschließung hinaus Informationen über ein Dokument zu erhalten. Hier kann ein beschreibender Text helfen, die Auswahl zu erleichtern. Verbreitete Beschreibungen sind die Annotation, die Zusammenfassung, der Literaturbericht, die Rezension und das Abstract.

Mit unterschiedlichen Absichten geschrieben, geben solche Stellvertretertexte ganz unterschiedliche Informationen über das eigentliche Dokument; wobei unter Dokument in diesem Zusammenhang sowohl ein Text (z.B. Aufsatz, Monographie) als auch ein audiovisuelles Medium (z.B. Film) verstanden wird.

Viele Stellvertretertexte verzerren, übertreiben oder lassen weg. Die Form, die sich in der wissenschaftlichen Welt durchgesetzt hat, weil es die neutralste, textnahste und damit informativste Art der Textbeschreibung ist, ist das Abstract; im Deutschen wird es auch als Kurzreferat bezeichnet.

Die Verbreitung des Abstracts im frühen 19. Jhd. war mit der Ausbreitung der wissenschaftlichen Fachliteratur verbunden. Vor allem in den USA wurden spezielle Abstracting-Dienste gegründet, die ihre Abstracts in speziellen Zeitschriften veröffentlichten. Diese Periodikas, die z.T. bis heute erscheinen, sind meist fachbezogen und bemühen sich darum, die weltweit erscheinende Fachliteratur, vor allem die Zeitschriftenliteratur, zu erschließen.

Bekannte Vertreter dieser Gattung sind die Biological Abstracts (seit 1927), die Chemical Abstracts (seit 1907) und die Historical Abstracts (seit 1955).

Um den Informationsgehalt und Charakter des Abstract zu gewährleisten und zu verbessern wurden nationale und internationale Standards für das Verfassen von Abstracts entwickelt. Das Deutsche Institut für Normung (DIN) definierte in der DIN Norm 1426 das Kurzreferat (Abstract) folgendermaßen: "Das Kurzreferat gibt kurz und klar den Inhalt des Textes wieder. Der Sachtitel soll nicht wiederholt, vielmehr wenn nötig, ergänzt bzw. erläutert werden. Es müssen nicht alle Inhaltskomponenten der Veröffentlichung dargestellt, sondern es können diejenigen ausgewählt werden, die von besonderer Bedeutung sind. Das Kurzreferat soll informativ, aber nicht wertend (...) und auch ohne die Originalvorlage verständlich sein." (DIN 1426, 1986, S.4)

Und die International Organisation for Standardisation (ISO) definierte das "Abstract" 1976 so: "In this International Standard, the term abstract signifies an abbreviated, accuarte representation of the contents of a document, wihtout added interpretation or criticism and without distinction as to who wrote the abstract.(...) Abstracts should not be confused with related, but distinct, terms: annotation, extract, and summary." (Ref.N. ISO 214-1976)

Der Begriff Abstract bezeichnet also eine kurze, genaue Wiedergabe des Inhalts eines Dokuments ohne Interpretation oder Kritik und ohne Unterschied für wen es geschrieben wird. Abstracts sollen nicht verwechselt werden mit verwandten aber unterschiedlichen Formen wie der Annotation, dem Extrakt und der Zusammenfassung.

2.1.3 Citation Index

Vom Institute for Scientific Information (ISI) in den USA wurde mit ihren Citation-Indizes ein eigener Weg neben den Abstracting-Diensten eingeschlagen. Der "Arts and Humanities Citation Index" und der "Social Science Citation Index" erfassen die Fachliteratur nach den formalen bibliographischen Kriterien, wie Autor, Titel usw., und ordnen die Pubkikationen inhaltlich bestimmten Schlagwörtern zu; außerdem, und das ist das Besondere, werden auch die Anmerkungen der jeweiligen Aufsätze und Abhandlungen formal ausgewertet und inhaltlich erschlossen.

Neben dem Verzeichnis der ausgewerteten Literatur, angeordnet nach Autorennamen und Sachgebieten, gibt es ein Verzeichnis der zitierten Autoren und Werke. Auf ein Abstract wird dafür verzichtet.

2.2 Referenzdatenbanken

2.2.1 Bibliographien und elektronische Datenverarbeitung

Bibliothekskataloge, National- und Fachbibliographien wurden seit den 60er Jahren in steigendem Maße mit Hilfe von Computern hergestellt. Es war möglich den Computer einzusetzen, weil es sich bei den bibliographischen Verzeichnissen um sehr stark formalisierte und vereinheitlichte Datensammlungen handelt.

Ein einfacher bibliographischer Datensatz besteht aus einer festgelegten Anzahl von Datenfeldern; zu den Feldern aus denen ein solcher Datensatz besteht, gehören u.a. die Felder Autor, Titel, Ort, Erscheinungsjahr.

Bild 2.1: Beispiel eines einfachen bibliographischen Datensatzes

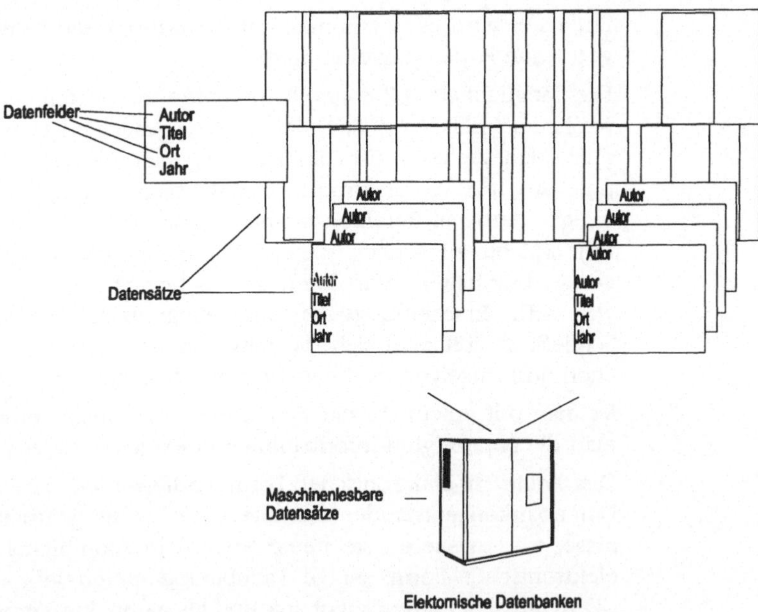

Wenn Bibliographien auch mit Hilfe von Computern hergestellt wurden, so dienten sie doch nur als Hilfsmittel, um schließlich ein gedrucktes Verzeichnis herzustellen. Das Endprodukt, gedruckte Bibliographie, war aber im Grunde nichts anderes als ein Report einer Datenbank zu einem bestimmten Zeitpunkt, in dem bestimmte Datenfelder in einer bestimmten Sortierung ausgegeben wurden.

Der Nachteil gedruckter Verzeichnisse besteht darin, daß nur ein begrenzter Ausschnitt der Literatur erfaßt wird. Alles was nach dem Druck erscheint, bleibt bis zu einer Neuauflage unberücksichtigt. Bei periodisch erscheinenden Bibliographien wie z.B. den Historical Abstracs, die vierteljährlich erscheinen, gibt es ein Jahresregister, das die in einem Jahrgang ausgewertete Literatur verzeichnet. Auf der Suche nach Literatur müßte also jeder Jahrgang ausgewertet werden. Um dem Literatursuchenden diese Mühe zu ersparen, wurden die Ausgaben von 5 oder 10 Jahren zu kumulierten Verzeichnissen zusammengestellt.

Mit Hilfe des Computers war das relativ einfach, weil die Datensätze in maschinenlesbar Form vorlagen und lediglich ein neuer Report ausgedruckt werden mußte. Aber auch 5- oder 10-Jahresverzeichnisse stellen noch erhebliche Anforderungen an den Suchenden.

Einfacher wird es, wenn man auf die Daten ohne Umweg über das gedruckte Papier zugreifen kann.

Die Möglichkeit, Bibliographien online zu nutzen, erlaubt es, erheblich schneller ans Ziel, nämlich zur gesuchten Literatur zu kommen. Man sucht die für sein Themengebiet relevante Fachbibliographie aus, die als elektronische Datenbank vorliegt, und mit Hilfe einiger Retrieval-Befehle, veranlaßt man den Computer, nach den Datensätzen zu suchen, deren Datenfelder die gesuchten Schlagwörter beinhalten. Man kann die Suche mit bestimmten Kriterien, wie z.B. Erscheinungsjahr u.ä., eingrenzen und spezifizieren. Schließlich läßt man sich die aufgefundene Literatur anzeigen; Suchen und Anzeigen sind hier zwei verschiedene Arbeitsvorgänge.

Ist man mit einem PC mit dem anderen Rechner verbunden, kann man die angezeigten Informationen direkt als Datei abspeichern.

Die heute in elektronischer Form vorliegenden bibliographischen Datenbanken entstanden fast alle zunächst als gedruckte Verzeichnisse, z.T. existieren sie heute sowohl in schriftlicher als auch in elektronischer Form; einige Fachbibliographien gibt es heute als CD-ROM, als Online-Datenbank und als gerduckte Verzeichnisse.

Die elektronischen Bibliographien berücksichtigen aber meist die Literatur nur von dem Augenblick an, ab dem sie mit Hilfe von Computers hergestellt wurden. Es ist deshalb sehr genau darauf zu achten, welches Datenmaterial einer Datenbank zu Grunde liegt, sonst kann es passieren, daß man die gesuchten Informationen trotz modernster Technik gar nicht finden kann.

2.2.2 Bibliographische Online-Datenbanken

Im folgenden wird ein kleiner Überblick über bibliographische Online-Datenbanken gegeben. Angesichts der Menge der vorhandenen Datenbanken, kann das nur ein sehr lückenhafter Überblick sein, der vor allem zeigen soll, wieviele unterschiedliche Fachgebiete hier abgedeckt werden; umfassender informieren die unterschiedlichen Datenbakverzeichnisse.

2.2.2.1 Nationalbibliographien online

Bundesrepublik Deutschland

BIBLIODATA

Hersteller: Deutsche Bibliothek, Frankfurt/Main; FIZ Karlsruhe

Host: STN

Inhalt: Datenbank mit aktuellem Nachweis aller deutschsprachigen Neuerscheinungen, die bei der Deutschen Bibliothek als zentraler Archivbibliothek gesammelt und bibliographisch verzeichnet werden. Entspricht der Deutschen Bibliographie, Reihe A (Erscheinungen des Buchhandels), Reihe B (Erscheinungen außerhalb des Buchhandels), Reihe C (Karten), Reihe H (Hochschulschriften) und Reihe N (Neuerscheinungen).

Großbritannien

The British National Bibliography - BNBMARC

Hersteller: The British Library

Host: BLAISE-LINE

Inhalt: Britische Nationalbibliographie; verzeichnet Bücher und Serien, die in Großbritannien und der Republik Irland veröffentlicht werden.

British Books in Print

Hersteller: J. Whitaker & Sons, Ltd, London

Host: Dialog

Inhalt: Verzeichnis lieferbarer Bücher Englands. Entspricht der schriftlichen Ausgabe "British Books in Print".

The British Library Catalogue - BLC

Hersteller: The British Library

Host: BLAISE-LINE

Inhalt: Buchkatalog des Britischen Museums, der vormals aus 360 Bänden bestand; verzeichnet Bücher aus der ganzen Welt von den Anfängen des Buches bis zur Mitte der 1970er Jahre. Die Bücher selbst können im Lesesaal der Bibliothek des Britischen Museums benutzt werden.

USA

Library of Congress (LCMARC)

Host: BLAISE-LINE

Host: Dialog

Host: LOCIS

Inhalt: Die Datenbank verzeichnet alle seit 1968 im MARC-Format in der Library of Congress aufgenommenen Titel. Bis 1973 wurden englische Bücher, ab 1973 französische, ab 1975 deutsche, portugiesische und spanische Bücher aufgenommen. 1976 folgten Bücher aus anderen europäischen Ländern, ab 1978 aus nicht-europäischen Ländern, ab 1984 Mikroformen, ab 1984 chinesische, japanische und koreanische Bücher, ab 1988 hebräische und jiddische Bücher und seit 1991 wurden arabische Bücher verzeichnet. Der Inhalt der Datenbank entspricht in weiten Teilen dem "National Union Catalog".

Books in Print

Hersteller: R.R.Bowker, New York

Host: Dialog

Host: Knowledge Index

Inhalt: Verzeichnis lieferbarer Bücher der USA; entspricht den schriftlichen Ausgaben von "Books in Print", "Subject Guide to Books in Print", "Books in Print Supplement", "Paperbound Books in Print", "Forthcoming Books", "Subject Guide to Forthcoming Books" und "Scientific and Technical Books & Serials in Print".

2.2.2.2 Verbundkataloge

RLIN - Research Libraries Information Network

Hersteller: The Research Libraries Group (RLG)

Host: RLG

Inhalt: Die Datenbank ist das Ergebnis der Zusammenarbeit der wichtigsten Forschungsbibliotheken der USA; sie enthält bibliographische Angaben zu Monographien, Sammelwerken, Filmen, Audiovisuellen Medien, Musikaufnahmen, Landkarten, Manuskripten und Computerdateien. Die Datensätze enthalten Verweise auf Dokumente aus über 350 Sprachen, darunter Arabisch, Chinesisch, Hebräisch, Koreanisch, Japanisch und Persisch. Die Katalogisierung beruht auf über 200 Quellen, darunter die Library of Congress, die National Library of Medicine, das U.S.Government Printing Office und die British Library.

OCLC - Online Union Catalogue

Hersteller: Online Computer Library Center (OCLC)

Host: The Epic Service - OCLC-Europe

Inhalt: Internationaler Verbundkatalog; enthält bibliographische Angaben zu Monographien, Sammelwerken, Filmen, Audiovisuellen Medien, Musikaufnahmen, Landkarten, Manuskripten und Computerdateien. Die Datenbank enthält über 25 Mio. Datensätze, jährlich kommen 2 Mio. hinzu. Es werden von 11.000 Institutionen in rd. 40 Ländern Daten geliefert. Die Datenbank enthält u.a. die Titelaufnahmen der Library of Congress (LCMARC), der National Library of Medicine, des U.S.Government Printing Office, der U.S. National Agrucultural Library und der Nationalbibliographien von Australien, Kanada, China und Großbritannien.

VK92 - Verbundkatalog maschinenlesbarer Katalogdaten deutscher Bibliotheken.

Hersteller: Deutsches Bibliotheksinstitut, Berlin

Host: DBI-LINK

Inhalt: Bibliographische Angaben zu Monographien, Sammelwerke und Dissertationen vorwiegend aus den Jahren 1966 bis 1991. Die Datenbank enthält 9,4 Mio. Titel und 18,5 Mio. Bestandsnachweise aus 600 deutschen Bibliotheken. Entspricht dem 3. Grundwerk der Microficheausgabe vom September 1991. Datenlieferanten für den VK92 waren: der Südwestdeutsche Bibliotheksverbund (Leihverkehrsregion BAW), der Bibliotheksverbund München (Leihverkehrsregion BAY), der Berliner Bibliotheksverbund (Leihverkehrsregion BER), der Hamburger Bibliotheksverbund (Leihverkehrsregion HAM), das Hessische Bibliotheksinformationssystem (Leihverkehrsregion HES), der Niedersächsische Bibliotheksverbund (Leihverkehrsregion NIE), der Nordrhein-Westfälische Bibliotheksverbund (Leihverkehrsregion NRW), die Universitätsbibliothek Saarbrücken (Leihverkehrsregion BAW), die Staats- und Universitätsbibliothek

Bremen (Leihverkehrsregion HAM) und das Bibliotheks-. und Informationssystem Oldenburg (Leihverkehrsregion NIE).

2.2.2.3 ONLINE-Bibliothekskataloge

Folgende Bibliotheken und Bibliotheksverbundsysteme der Bundesrepublik verfügen über Online-Bibliothekskataloge. Ihre Nutzung ist z.T. gebührenfrei, zum Teil ist für den Zugang ein Paßwort nötig und z.T. muß mit den jeweiligen Hosts eine Nutzungsvereinbarung getroffen werden. Wie die Zugangsmodalitäten im Einzelnen aussehen, kann am besten bei den Bibliotheken bzw. Hosts erfahren werden.

Medikat

Host: DIMDI

Inhalt: Katalog der Zentralbibliothek für Medizin in Köln; verzeichnet ist Literatur ab dem Erscheinungsjahr 1977.

TIBKAT

Hersteller: Universitätsbibliothek und Technische Informationsbibliothek, Hannover; FIZ-Karlsruhe

Host: STN

Inhalt: Der Katalog der Universitäts- und Technischen Informationsbibliothek Hannover.

- Universitätsbibliothek Bielefeld
  Universitätsstr. 25
  33615 Bielefeld
- Universitätsbibliothek Erlangen Nürnberg
  Universitätsstr. 4
  91054 Erlangen
- Universitätsbibliothek der Bundeswehr
  Holstenhofweg 85
  22043 Hamburg
- Universitätsbibliothek Heidelberg
  Plöck 107-109
  69117 Heidelberg
- Universitätsbibliothek Karlsruhe
  Kaiserstr. 12
  76131 Karlsruhe

- Universitätsbibliothek Konstanz
  Universitätsstr. 10
  78464 Konstanz
- Universitätsbibliothek Oldenburg
  Uhlhornsweg 49-55
  26129 Oldenburg
- Universitätsbibliothek Saarbrücken
  Am Stadtwald
  66123 Saarbrücken
- Zentralbibliothek der Wirtschaftswissenschaften
  Düsternbrooker Weg 120
  24105 Kiel

2.2.2.4 Hochschulschriften

Dissertation Abstracts Online

Hersteller: University Microfilms International, Ann Arbor

Host: BRS Search Service

Host: Dialog

Host: The EPIC Service - OCLC-Europe

Host: Knowledge Index

Inhalt: enthält Verweise auf alle US-amerikanischen Dissertationen seit 1861, auf Master Theses seit 1961, auf Dissertationen aus Großbritannien (1988), Europa (1988), Kanada (1991), sowie von Hochschulen der ganzen Welt. Es wird weltweit mit rd. 550 Bildungsinstitutionen zusammengearbeitet, darunter auch zahlreichen Universitäten aus Deutschland. Ab 1980 verfügen die Hinweise über ein Abstract. Die Angaben der Datenbank entsprechen dem "Comprehensive Dissertation Index" (CDI), den "CDI Ten-Year Cumulation 1973-1983", dem "CDI Five-Year Cumulation 1983-1987" den "Dissertation Abstracts International", den "Masters Abstracts International" und den "American Doctoral Dissertations".

2.2.2.5. Fachbibliographien

Interdisziplinär

Applied Social Science Index & Abstracts (ASSI - ASSIA)

Hersteller: Bowker-Saur Ltd., London

Host: Data-Star

Inhalt: Ausgewertet werden Veröffentlichungen aus dem Bereich der angewandten Sozialwissenschaften. Abgedeckt werden zentrale Gebiete der Anthropologie, Politik, Psychologie, Recht, Soziologie und Wirtschaft.

Arts and Humanities Search

Hersteller: Institute for Scientific Information (ISI), Philadelphia

Host: BRS

Host: DIALOG

Inhalt: Ausgewertet werden Zeitschriften aus den Bereichen Kunst und Geisteswissenschaften. Abgedeckt werde die Bereiche Kunst, Archäologie, Geschichte, Literatur,Philosophie und Religion. Entspricht dem "Arts and Humanities Citation Index". Es gibt ein Autorenverzeichnis, ein nach Stichworten indiziertes Titelverzeichnis und ein systematisches Verzeichnis der in den jeweiligen Aufsätzen zitierten Autoren und Schriften, keine Abstracts.

Science Citation Index (auch: Scisearch)

Hersteller: Institute for Scientific Information (ISI), Philadelphia

Host: DIALOG

Host: STN

Inhalt: Ausgewertet werden Zeitschriften aus dem Bereich Technik und Naturwissenschaften. Entspricht der gedruckten Ausgabe des "Science Citation Index". Es werden rd. 2600 Zeitschriften regelmäßig ausgewertet. Es gibt ein Autorenverzeichnis, ein nach Stichworten indiziertes Titelverzeichnis und ein systematisches Verzeichnis der in den jeweiligen Aufsätzen zitierten Autoren und Schriften; keine Abstracts.

Social Science Citation Index - (auch: Social Scisearch)

Hersteller: Institute for Scientific Information (ISI), Philadelphia

Host: DIALOG

Host: DIMDI

Host: STN

Inhalt: Ausgewertet werden regelmäßig rd. 1500 Zeitschriften aus dem Bereich der Sozialwissenschaften. Entspricht der gedruckten

Ausgabe des "Social Science Citation Index". Es gibt ein Autorenverzeichnis, ein nach Stichworten indiziertes Titelverzeichnis und ein systematisches Verzeichnis der in den jeweiligen Aufsätzen zitierten Autoren und Schriften, keine Abstracts.

SOLIS - Sozialwissenschaftliches Literaturinformationssystem

Hersteller: Informationszentrum Sozialwissenschaften, Bonn

Host: DIMDI

Host: GBI

Host: STN

Inhalt: Bibliographische Angaben z.T. mit Abstracts zu deutschsprachiger fachwissenschaftlicher Literatur, Aufsätzen in Fachzeitschriften und Sammelwerken, Monographien und "Graue Literatur". Die Gebiete Soziologie, Sozialpsychologie, Bevölkerungsforschung und Methoden der Sozialforschung werden ab 1945 abgedeckt. Aus den Bereichen Arbeitsmarkt- und Berufsforschung, Kommunikationswissenschaft, Sozialgeschichte, Sozialpolitik und Sozialwesen wird die Literatur seit 1982 ausgewertet.

Agrarwissenschaft

AGRICOLA - Bibliography of Agriculture

Hersteller: U.S. National Agricultural Library, Beltsville, MD, USA.

Host: BRS

Host: Dialog

Host. Knowledge Index

Inhalt: Deckt im weitesten Sinne den Bereich der Agrarwissenschaft ab; das Feld reicht von Biotechnologie, Botanik, Chemie, über Ökologie, Wetter und Klima bis hin zur Zoologie. Es finden sich bibliographische Verweise auf Aufsätze, Monographien, Patente, audiovisuelle Medien, Computerprogramme und Mikroformen. Rd. 2000 Periodikas werden regelmäßig ausgewertet.

Altersforschung

AGELINE

Hersteller: American Association for Retired Persons, Washington, DC, USA.

Host: BRS

Host: Dialog

Host: Knowledge Index

Inhalt: Ausgewertet wird Literatur zur Altersforschung; dabei geht es um Altern im sozialen, psychologischen und ökonomischen Zusammenhang. Es geht um Fragen der Gesundheitsversorgung für die ältere Bevölkerung, Beschäftigungspolitik, Demographie und Theorien über das Altern.

Architektur

Architecture Database

Hersteller: Royal Institute of British Architects, London, Großbritannien.

Host: Dialog

Inhalt: Die Datenbank entspricht der Publikation "The Architectural Periodicals Index" ergänzt um den Katalog der "British Architectural Library" und des "Royal Institute of British Architects". Ausgewertet werden rd. 400 Zeitschriften aus 45 Ländern, Monographien, Konferenzberichte und Ausstellungskataloge der ganzen Welt.

Biologie

Biosis Previews

Hersteller: BIOSIS, Philadelphia, PA, USA

Host: BRS

Host: Dialog

Host: DIMDI

Inhalt: Entspricht den gedruckten Ausgaben von "Biological Abstracts" und "Biological Abstracts/RRM" (früher: "BioResearch Index"). Es finden sich bibliographische Verweise und Abstracts zu Aufsätzen, Tagungsberichten, Monographien und Patenten aus dem gesamten Bereich der Biolgie einschließlich Medizin, Biochemie,

Biophysik und Umweltschutz. Ausgewertet werden rd. 9000 Zeitschriften aus der ganzen Welt.

Current Biotechnology Abstracts

Hersteller: The Royal Society of Chemistry, Cambridge, Großbritannien.

Host: Dialog

Host: Knowledge Index

Inhalt: Entspricht der gedruckten Version; verwiesen wird auf Monographien, Aufsätze, Patente und Konferenzberichte aus dem Bereich der Biotechnologie.

Chemie

Analytical Abstracts

Hersteller: The Royal Society of Chemistry, Nottingham, Großbritannien.

Host: Dialog

Host: Knowledge Index

Inhalt: Entspricht der gedruckten Ausgabe gleichen Namens. Ausgewertet werden regelmäßig rd. 300 Zeitschriften sowie Bücher und Tagungsberichte aus dem Bereich der Chemie. Ab 1984 verfügen die Angaben über ein Abstract.

Chemical Abstracts - Ca Search

Hersteller: Chemical Abstracts Service, Columbus, Ohio, USA.

Host: BRS

Host: Dialog

Host: STN

Inhalt: Erfaßt wird die weltweit erscheinende Literatur im Bereich der Chemie. Es finden sich bibliographische Verweise auf Monographien, Hochschulschriften, Patente, Aufsätze und Konferenzbeiträge. Entspricht der gedruckten Ausgabe von “Chemical Abstracts”.

Ernährungswissenschaft

Food Science and Technology Abstracts

Hersteller: International Food Information Service, Frankfurt/Main.

Host: Dialog

Host: Knowledge Index

Inhalt: Abgedeckt werden alle Aspekte der Ernährungswissenschaft; ausgewertet werden rd. 1200 Zeitschriften aus rd. 50 Ländern, sowie Monographien und Patente. Entspricht der gedruckten Ausgabe von "VITIS".

Erziehungswissenschaft

ERIC

Hersteller: Educational Resources Information Center, Washington D.C., USA.

Host: BRS

Host: CARL

Host: Data-Star

Host: Dialog

Host: The EPIC Service - OCLC-Europe

Host: Knowledge Index

Inhalt: Thematisch werden alle Bereiche der Erziehungswissenschaft abgedeckt. Ausgewertet werden rd. 750 Periodikas; die bibliographischen Verweise verfügen über ein Abstract.

Geschichte

America: History and Life

Hersteller: ABC-CLIO, inc., Santa Barbara, USA.

Host: DIALOG

Host: Knowledge Index

Inhalt: Ausgewertet werden rd. 2000 internationale Zeitschriften, die die Geschichte und Gegenwart Amerikas behandeln; abgedeckt werden die Bereiche Sozial-, Kultur- und Wirtschaftsgeschichte, Politik, Populärkultur, Wissenschaft, Medizin und Stadtentwicklung. Entspricht den gedruckten Ausgaben "America: History and Life,

Part A: Article Abstracts and Citations", "Part B: Index to Book Reviews" und "Part C: American History Bibliography".

Historical Abstracts

Hersteller: ABC-CLIO, Inc., Santa Barbara

Host: Dialog

Host: Knowledge Index

Inhalt: Ausgewertet werden Zeitschriftenaufsätze, Bücher und Dissertationen aus dem Bereich der Neueren Geschichte (ab 1450), der Zeitgeschichte und benachbarter Disziplinen, die seit 1973 erschienen sind. Es werden rd. 2100 Zeitschriften aus 80 Ländern ausgewertet. Thematisch wird die Weltgeschichte von 1450 bis zur Gegenwart abgedeckt, nicht berücksichtigt wird die Geschichte der USA und Kanadas. Die Datenbank entspricht den Publikationen "Historical Abstracts: Part A, Modern History Abstracts (1450-1914)" und "Historical Abstracts: Part B, Twentieth Century Abstracts (1914 to the Present)".

Kunst und Kunstgeschichte

Artbibliographies Modern

Hersteller: Clio Press, Ltd., Oxford, Großbritannien.

Host: Dialog

Host: Knowledge Index

Inhalt: Erfaßt wird die Literatur zur allen Aspekten der Kunst des 19. und 20. Jhd. von Architektur über Design und Malerei bis hin zur Photographie. Ausgewertet werden rd. 350 Zeitschriften, Bücher, Ausstellungskataloge und Dissertationen. Die bibliographischen Hinweise enthalten ein Abstract; entspricht der gleichnamigen Publikation.

Art Literature International (RILA)

Hersteller: RILA, the International Repertory of Art, Williamstown, MA, USA.

Host: Dialog

Host: Knowledge Index

Inhalt: Bibliographische Hinweise, zum großen Teil mit Abstract, zur Literatur über alle Aspekte der Kunst des Abendlandes vom 4. Jhd. n.Chr. bis zur Gegenwart. Die Themen reichen von Architektur, Druck, Malerei über Kunsttheorie bis hin zum Museumswesen; entspricht der Publikation "RILA".

Linguistik

Linguistics and Language Behavior Abstracts - LLBA

Hersteller: Sociological Abstracts, Inc., San Diego, USA

Host: Dialog

Host: Knowledge Index

Inhalt: Hinweise auf weltweit erscheinende linguistische und sprachwissenschaftliche Literatur. Abstracts von Aufsätzen aus rd. 1000 Zeitschriften.

Mathematik

MathSci

Hersteller: American Mathematical Society, Providence, RI, USA.

Host: Dialog

Host: Knowledge Index

Inhalt: Abgedeckt werden die Gebiete Mathematik von 1959 an, Statistik ab 1910 und Informatik ab 1954. Reglmäßig werden 600 Zeitschriften und weitere 2500 Zeitschriften gelegentlich ausgewertet; außerdem werden Monographien und Konferenzberichte erfaßt.

Medizin

MEDLINE

Hersteller: U.S. National Library of Medicine, Bethesda, MD, USA

Host: Dialog

Host: Knowledge Index

Inhalt: Entspricht den Publikationen "Index Medicus", "Index to Dental Literature" und "International Nursing Index". Rd. die Hälfte der Datensätze enthält ein Abstract. Ausgewertet werden rd. 3400

Zeitschriften aus 70 Ländern. Abgedeckt werden alle Bereiche der Medizin.

Pharmazie

International Pharmaceutical Abstracts

Hersteller: American Society of Hospital Pharmacists, Bethesda, MD, USA.

Host: Dialog

Host: Knowledge Index

Inhalt: Ausgewertet wird die weltweit erscheinende Literatur aus dem Bereich der Pharmazie. Aufsätze aus rd. 650 Zeitschriften werden systematisch erfaßt. Die Datenbank entspricht der Publikation gleichen Namens.

Philosophie

Philosopher's Index

Hersteller: Philosohy Documentation Center, Bowling Green State University, Bowling Green

Host: Dialog

Host: Knowledge Index

Inhalt: Hinweise auf Bücher und Artikel aus über 270 Zeitschriften aus dem Gebiet der Philosophie und benachbarter Disziplinen. Schwerpunkte bilden die Bereiche Ästhetik, Ethik, Hermeneutik, Logik und Methaphysik. Abgedeckt werden auch philosophische Aspekte in den Bereichen Pädagogik, Geschichte, Recht, Religon und Wissenschaften. Bibliographische Angaben mit Abstracts; entspricht der gedruckten Ausgabe "Philosopher's Index".

Politik - Internationale Angelegenheiten

PAIS International

Hersteller: Public Affairs Information Services (PAIS), New York

Host: Dialog

Host: Knowledge Index

Host: Data-Star

Inhalt: Ausgewertet werden weltweit alle Arten von politischer Literatur, Bücher, Zeitschriften, Regierungsdokumente, Berichte von privaten und öffentlichen Institutionen, die in den Sprachen Englisch, Französisch, Deutsch, Italienisch, Portugiesisch und Spanisch erscheinen. Abgedeckt werden die Bereiche Wirtschaft, Finanzen, Recht, Internationale Beziehungen, Politologie und Sozialwissenschaften. Die Datensätze enthalten ein Abstract; entspricht den gedruckten Ausgaben von "PAIS Bulletin" und "PAIS Foreign Language Index".

POLDOK - Politische Dokumentation

Hersteller: Leitstelle Politische Dokumentation Freie Universität Berlin

Host: GBI

Inhalt: Ausgewertet werden rd. 230 deutschsprachige Zeitschriften und Jahrbücher aus dem Bereich der Politik. Entspricht der gedruckten Ausgabe. Die Bibliographischen Angaben enthalten ein Abstract.

Psychologie

PsycINFO

Hersteller: American Psychological Association, Washington, USA.

Host: Data-Star

Host: Dialog

Host: DIMDI

Host: Knowledge Index

Inhalt: Ausgewertet wird die internationale psychologische Literatur sowie der der benachbarten Sozialwissenschaften einschließlich Anthropologie, Linguistik, Pädagogik, Pharmakologie, Psychatrie und Soziologie. Enthält Verweise und Abstracts aus "Dissertation Abstracts" und "Psychological Abstracts".

PSYNDEX

Host: DIMDI

Host: GBI

Inhalt: Ausgewertet wird die deutschsprachige Literatur aus dem Bereich der Psychologie und der Nachbardisziplinen Psychatrie, Soziologie, Pädagogik, Philosophie, Sport, Kriminologie, Linguistik und Ökonomie. Grundlage bilden die gedruckten Ausgaben von "Psychologischer Index" und "Bibliographie deutschsprachiger psychologischer Dissertationen"; die bibliographischen Angaben enthalten Abstracts.

Rechtswissenschaft

JURIS-Literatur

Hersteller: Juristisches Informationssystem für die Bundesrepublik Deutschland (JURIS)

Host: Juris

Inhalt: Verweise auf Monographien, Dissertationen, Aufsätze und Entscheidungsbesprechungen aus allen Rechtsgebieten zum Großteil mit Abstracts.

Legal Resource Index

Hersteller: Information Access Company, Forster City, Kalifornien, USA.

Host: Dialog

Host: Knowledge Index

Inhalt: Bibliographische Verweise auf Artikel aus über 700 Zeitschriften und 7 Tageszeitungen aus den USA, Kanada, Großbritannien, Australien und Neuseeland. Abgedeckt wird die Rechtsliteratur der englischsprachigen Welt sowie der Bereich des internationalen Rechts.

Soziologie

Sociological Abstracts - SOCA

Hersteller: Sociological Abstracts, San Diego

Host: Data-Star

Host: DIALOG

Host: DIMDI

Host: Knowledge Index

Inhalt: Ausgewertet wird die weltweit erscheinende Literatur im Bereich der Soziologie und der Nachbardisziplinen. Entspricht der gleichnamigen schriftlichen Ausgabe. Außerdem werden "Social Planning/Polica & Development Abstracts" (SOPODA) und "International Reviews of Publications in Sociology" (IRPS) ausgewertet. Die Bibliographische Angaben enthalten Abstracts.

Technik

*Compendex*Plus*

Hersteller: Egineering Information, Inc., New York, USA.

Host: Dialog

Host: ESA-IRS

Host: Knowledge Index

Inhalt: Bibliographische Verweise zur Literatur aus dem technischen Bereich. Abgedeckt werden die Bereiche Luft- und Raumfahrt, angewandte Physik, Elektronik, Computer, Optik, Mechanik. Metallurgie usw. Ausgewertet werden regelmäßig rd. 4500 Zeitschriften, Publikationen von technischen Organisationen und Konferenzberichte.

Theologie

Religion Index

Hersteller: American Theological Library Association, Chicago

Host: Dialog

Host: Knowledge Index

Inhalt: Enthält Hinweise auf Zeitschriftenartikel, Festschriften und Buchbesprechungen. Ausgewertet werden 200 Zeitschriften und 300 Veröffentlichungen. Abgedeckt werden die Gebiete Kirchengeschichte, Theologie, Geschichte der Religionen, soziologische und psychologische Aspekte von Religion und Nachbarbereiche der Geistes- und Sozialwissenschaften. Die Bibliographische Hinweise enthalten Abstracts. Die folgenden Publikationen liegen der Datenbank zugrunde: "Index to Religious Periodical Literature", "Religion Index One", "Religion Index Two" und "Religion Index Two: Festschriften".

Umwelt

Pollution Abstracts

Hersteller: Cabridge Scientific Abstracts, Bethesda, MD, USA.

Host: Dialog

Host: Knowledge Index

Inhalt: Bibliographische Hinweise zum Großteil mit Abstracts auf Literatur, die sich mit den verschiedenen Aspekten der Umweltverschmutzung beschäftigt.

Umweltliteratur-Datenbank (ULIDAT - ULIT)

Hersteller: Umweltbundesamt, Berlin

Host: Data-Star

Host: FIZ-Technik

Host: STN

Inhalt: Erfaßt wird die im deutschen Sprachraum erscheinende Fachliteratur zu Umweltproblemen und Umweltforschung. Die meisten Datensätze enthalten ein Abstract.

Wirtschaftswissenschaft

Betriebswirtschaftliches Literatursuchsystem (BLIS - BLISS)

Hersteller: Gesellschaft für betriebswirtschaftliche Information mbH

Host: FIZ-Technik

Host: GBI

Inhalt: Bibliographische Hinweise auf die deutsche und internationale Fachliteratur der Betriebswirtschaft. Ab 1984 enthalten die meisten Datensätze ein Abstract in deutscher oder englischer Sprache. Ausgewertet werden 200 deutschsprachige und 100 englischsprachige Zeitschriften sowie Bücher, Sammelwerke und Dissertationen.

Economic Literature Index

Hersteller: American Economic Association, Pittsburgh, PA, USA.

Host: Dialog

Host: Knowledge Index

Inhalt: Bibliographische Verweise mit Abstract zur weltweit erscheinenden wirtschaftswissenschaftlichen Literatur; ausgewertet werden regelmäßig 200 Zeitschriften. Die Datenbank entspricht den schriftlichen Ausgaben "Index of Economic Articles" und "Journal of Economic Literature".

HWWA - Wirtschaftspraxis Literatur

Hersteller: HWWA - Hamburger Institut für Wirtschaftsforschung

Host: GENIOS

Host: GBI

Inhalt: Es werden rd. 1000 internationale betriebs- und volkswirtschaftliche Zeitschriften ausgewertet; abgedeckt werden u.a. die Gebiete Demographie, Entwicklungspolitik, Sozialforschung und Industriepolitik.

2.2.2.6 Zeitschriftenverzeichnisse

Bowker's International Serials Database (Ulrich's)

Hersteller: R.R.Bowker, New York

Host: BRS

Inhalt: Verzeichnis von ca. 100.000 Periodikas aus 181 Ländern. Entspricht den gedruckten Ausgaben von "Irregular Serials and Annuals", "Sources of Serials" und "Ulrich's Quarterly".

Ulrich's International Periodicals Directory

Hersteller: R.R.Bowker, New York

Host: Dialog

Inhalt: wie Bowker's International Serials Database (Ulrich's)

UnCover

Hersteller: Colorado Alliance of Research Libraries, Denver

Host: CARL

Inhalt: Seit 1988 werden regelmäßig die Inhaltsverzeichnisse von 12.000 Zeitschriften ausgewertet und die bibliographischen Beschreibungen der Aufsätze (Autor, Titel, Zeitschrift usw.) erfaßt; einige Datensätze enthalten außerdem ein Abstract; die vollständigen Artikel können online bestellt werden.

ZDB - Zeitschriftendatenbank

Hersteller: Deutsches Bibliotheksinstitut (Berlin) in Zusammenarbeit mit rd. 3000 Bibliotheken.

Host: DBI-LINK

Inhalt: Bibliographische Angaben zu fortlaufenden Sammelwerken, insbesondere Zeitschriften, zeitschriftenartigen Reihen, Schriftenreihen, Serien und Zeitungen ohne sachliche Erschließung vom 17. Jhd bis heute; mit Standortangaben und Signaturen aus über 3000 Bibliotheken der 12 Leihverkehrsregionen der Bundesrepublik und einigen westeuropäischen Bibliotheken mit wichtigen sinologischen Beständen. Kopien von Zeitschriftenaufsätzen können online bestellt werden.

2.2.2.7 Kongresse und "graue" Literatur

GKS - Gesamtverzeichnis der Kongreßschriften

Hersteller: Deutsches Bibliotheksinstitut, Berlin

Host: DBI-LINK

Inhalt: Bibliographische Angaben zu Schriften von und zu Kongressen ohne sachliche Erschließung der einzelnen Beiträge. Publikationen weltweit aus allen Sachgebieten von 1939 bis heute. Mit Standortangabe sowie den Signaturen aus rd. 70 Bibliotheken der 12 Leihverkehrsregionen der Bundesrepublik Deutschland. Entspricht der Microfiche-Ausgabe.

SIGLE - System für Information über Graue Literatur in Europa

Hersteller: European Association for Grey Literature Exploitation (EAGLE); FIZ-Karlsruhe

Host: BLAISE-LINE

Host: STN

Inhalt: Europäische nicht-konventionelle sog. "Graue Literatur" aus Naturwissenschaften, Technologie, Wirtschafts-, Sozial- und Geisteswissenschaften. Forschungsberichte, Diskussions- und Arbeitspapiere, Konferenzbeiträge, Hochschulschriften, offizielle Veröffentlichungen, Veröffentlichungen lokaler Behörden, der Industrie und anderer schwer zu beschaffender Publikationen.

2.3 Quellendatenbanken- Texte und Fakten online

Bibliographische Datenbanken ob mit oder ohne Abstract gehören zur Gruppe der Referenzdatenbanken; sie referieren über ein Primär-Dokument und sind nicht das eigentliche Dokument.

Nachdem in einem ersten Arbeitsschritt in einer bibliographischen Datenbank Hinweise auf geeignete Literatur gefunden wurde, müssen in einem nächsten Schritt die eigentlichen Dokumente erst noch beschafft werden. Zwar gibt es Datenbankanbieter, die auch die Literatur besorgen, man kann sie direkt online bestellen, aber das ändert nichts an der grundsätzlichen Trennung zwischen den Informationen in der Datenbank und dem eigentlichen Dokument.

Während Referenzdatenbanken auf eine Primärquelle verweisen, beinhalten Quellendatenbanken die Primärinformation. Eine bibliographischen Datenbank enthält Informationen über ein Dokument wie z.B. einen Aufsatz, eine Quellendatenbank enthält den Aufsatz selbst. Datenbanken, die Primärinformationen enthalten, werden als Quellendatenbanken bezeichnet. Hierzu zählen Volltextdatenbanken wie z.B. Zeitungen, Enzyklopädien, Wörterbücher und Faktendatenbanken wie Statistiken und Formelsammlungen.

Verzeichnisse, sog. Directories, werden unterschiedlich zugeordnet; mal werden sie zu den Referenzdatenbanken gezählt, mal als eigene, dritte Gattung dargestellt und mal zu den Quellendatenbanken gezählt.

Nachfolgend eine kleine Auswahl von Quellendatenbanken aus den unterschiedlichen Fachgebieten. Die Auswahl ist weder umfassend noch repräsentativ, sie soll lediglich einen Eindruck davon geben, wie breit gefächert das vorhandene Angebot ist. Ausführlicher informieren die in Kapitel 1 vorgestellten Datenbankverzeichnisse.

2.3.1 Allgemeine Nachschlagewerke

Everyman's Encyclopaedia

Hersteller: J.M. Dent and Sons Ltd.; Learned Information, Abingdon, Oxford

Host: Dialog

Host: Knowledge Index

Inhalt: Umfassendes Lexikon zu allen Wissensgebieten; entspricht der aktuellen 12-bändigen Ausgabe.

Grolier's Academic American Encyclopedia

Hersteller: Grolier Electronic Publishing

Host: CompuServe

Inhalt: Umfassendes Lexikon zu allen Wissensgebieten; entspricht der aktuellen 21-bändigen Ausgabe.

Marquis Who's Who

Hersteller: Marquis Who's Who, National Register Publishing Company, Wilmette, USA

Host: Dialog

Host: Knowledge Index

Inhalt: Kurzportraits von über 77.000 Personen aus Wirtschaft, Sport, Politik, Regierung, Kunst, Wissenschaft und Unterhaltung aus den USA. Entspricht der gedruckten Ausgabe von "Who is Who in America"

Magill's Survey of Cinema

Hersteller: Salem Press, Inc., Pasadena, USA.

Host: Dialog

Host: Knowledge Index

Inhalt: Entspricht der mehrbändigen Ausgabe gleichen Namens, deren Ergänzungsbände jährlich erscheinen. Außerdem beinhaltet die Datei die Filmbesprechungen aus "Magill's Survey of Cinema: Foreign Language Films". Abgedeckt wird der gesamte Bereich des Films seit 1902.

2.3.2 Zeitungen und Zeitschriften

The Boston Globe

Host: Dialog

Host: Knowledge Index

Inhalt: The Boston Globe ab Januar 1980.

Handelsblatt

Host: GENIOS

Inhalt: Das Handelsblatt ab 1984.

Jerusalem Post Electronic Edition - JEPO
Hersteller: The Jerusalem Post, Jerusalem
Host: Data-Star
Inhalt: Jerusalem-Post ab Oktober 1988.

Los Angeles Times
Host: Dialog
Host: Knowledge Index
Inhalt: Die Los Angeles Times ab 1/85.

Magazine Database - Magazine Index
Hersteller: Information Access Company, California
Host: CARL
Host: Data-Star
Host: Dialog
Host: Knowledge Index
Inhalt: Verweise auf Artikel aus über 400 US-amerikanischen Zeitschriften zu Politik, Prominenz, Wirtschaft, Finanzen, Sport, Mode, Reisen, Kochen, Freizeit, Kunst, Musik, Wissenschaft usw. seit 1959. Ab 1983 stehen eine Reihe von Publikationen im Volltext zur Verfügung.

Neue Zürcher Zeitung
Host: Data-Star
Inhalt: Neue Zürcher Zeitung

San Francisco Chronicle
Host: Dialog
Host: Knowledge Index
Inhalt: Der San Francisco Chronicle ab Januar 1988.

Süddeutsche Zeitung - SZ
Host: Data-Star
Host: GENIOS
Inhalt: Die Süddeutsche Zeitung ab Mai 92.

Swiss News Agency (German) - SDAA

ELSA, Schweizerische Depeschenagentur, Bern

Host: Data-Star

Inhalt: Volltextarchiv der Schweizer Depeschenagentur.

Times und Sunday Times

Hersteller: Times Newspaper, Ltd, London

Host: Dialog

Inhalt: The Times of London ab Juni 1988

USA Today

Host: Dialog

Host: Knowledge Index

Inhalt: USA Today ab 1988.

The Washington Post

Host: Dialog

Host: Knowledge Index

Inhalt: The Washington Post ab 1985.

Wirtschaftswoche - WW

Host: GENIOS

Inhalt: Die Zeitschrift "Wirtschaftswoche" im Volltext ab 1984.

2.3.3 Fakten, Statistiken und Verzeichnisse

Beilstein

Hersteller: Beilstein-Institut für Organische Chemie, Frankfurt/Main; Springer-Verlag, Heidelberg.

Host: Data-Star

Inhalt: Struktur- und Faktendatenbank aus dem Bereich der organischen Chemie. Zugrunde liegen der Datenbank die Werke "Beilstein-Handbuch für Organische Chemie" und "Exzerpte aus der wissenschaftlichen Literatur für Ergänzungswerk 5".

Hoppenstedt Directory of German Companies

Hersteller: Hoppenstedt Wirtschaftsdatenbank, Darmstadt

Host: Data-Star

Host: Dialog

Host: ESA-IRS

Host: GBI

Host: Questel

Inhalt: Verzeichnis von über 48.000 deutschen Firmen, mit einem Umsatz von über 2 Mio. DM und mehr als 20 Beschäftigten. Entspricht der gedruckten Ausgabe "Handbuch der Groß- und mittelständischen Unternehmen".

ICC British Company Directory

Hersteller: ICC Online Ltd.,Hampton, Großbritannien

Host: Data-Star

Host: Dialog

Host: Knowledge Index

Inhalt: Verzeichnis von über 1,2 Mio. in England, Wales, Schottland und Nord-Irland registrierten Firmen.

Standard & Poor's Corporate Description plus News

Hersteller: Standard & Poor, Corp., New York, USA

Host: Dialog

Host: Knowledge Index

Inhalt: Informationen über rd. 12.000 amerikanische Kapitalgesellschaften; Geschäftsberichte, Aktienkursentwicklung, personelle Veränderungen.

STATIS-BUND

Hersteller: Statistisches Bundesamt, Wiesbaden

Host: Statistisches Bundesamt

Inhalt: Statistisches Informationssystem des Bundes. Die Daten liegen den Statistischen Jahrbüchern zu Grunde.

World Trade Statistics

Host: Data-Star

Inhalt: Daten über Im- und Exporte der wichtigsten Industrieländer.

2.4. Recherchekosten

Wie teuer ist nun die Recherche in Online-Datenbanken? Die wesentlichen Kostenelemente der Recherche sind 1. die Telefon- und Datennetzkosten und 2. die Recherchegebühren.

Auf die Telefon- und Datennetzkosten wird in Kapitel 4 eingegangen. Hier geht es um die eigentlichen Recherchegebühren, die für die Nutzung der Datenbanken an den jeweiligen Host zu zahlen sind.

Bei der Berechnung der Gebühren werden von unterschiedlichen Anbietern unterschiedliche Berechnungsmodelle angewandt. Die wesentlichen Komponenten der unterschiedlichen Modelle sind dabei:

1. Anmeldegebühren (einmalig),
2. Monatsgebühren und/oder Mindestgebühren,
3. Zeitgebühren für die Dauer der Recherche,
4. Anzeigegebühren pro angezeigtem Datensatz.

Anhand von drei Beispielen werden unterschiedliche Berechnungsmodelle dargestellt. Es empfiehlt sich, sich dringend über die Preise und die Preisstruktur der unterschiedliche Hosts gründlich zu informieren. Auch sollte man darauf achten, ob es spezielle Non-prime-time Tarife und Preinachnlässe für Studenten und Hochschulinstitutionen gibt.

2.4.1. DBI-LINK

Bei DBI-LINK wird keine Anmeldegebühr und keine Monatsgebühr erhoben. Die Nutzung der angebotenen Datenbanken, mit Ausnahme von VK92, kostet 40 DM die Stunde einschließlich aller ausgegebenen Datensätze. Pro Minute fallen hier also Kosten in Höhe von 0,67 DM an, eine 10-minütige Recherche kostet hier also 6,67 DM.

2.4.2 Dialog

Pro Jahr wird eine Gebühr von $30 erhoben; anonsten gibt es keine Monats-, Mindest oder Anmeldegebühren. Berechnet wird die Dauer der Recherche und die angezeigten Datensätze. Für unterschiedliche Datenbanken werden unterschiedliche Gebühren berechnet. Die Recherche in der Datenbank Historical Abstracts z.B. kostet $72 pro Stunde ($1,20 pro Min.) und $0.25 pro angezeigtem Datensatz. Für eine 10-minütige Recherche, bei der 10 Datensätze angezeigt werden, werden also $14.50 ($12 Zeitgebühren plus $2.50 Anzeigegebühren) berechnet, was z.Zt. rd. 25 DM entspricht.

2.4.3 ESA-IRS

Bei ESA-IRS werden die Gebühren in einer speziellen Verrechnungseinheit, in AU, berechnet; wieviel 1 AU in der jeweiligen Landeswährung ist, wird regelmäßig neu festgelegt; 1 AU sind z.Zt. rd. 2 DM. Es wird keine Anmeldegbühr und kein Monatsbeitrag erhoben; pro Jahr wird ein Minimum von 100 AU abgerechnet. Datenbankunabhängig werden pro Std. 10 AU (pro Min. rd. 0,17 AU) berechnet; und je nach Datenbank kommen 3 bis 5 AU ohne Zeitbegrenzung hinzu.

Für die Anzeige der Informationen enstehen datenbankabhängig unterschiedliche Gebühren. Die Kosten für eine 10 minütige Recherche in der Datenbank Compendex*Plus, bei der 10 Datensätze angezeigt werden, setzen sich demnach folgendermaßen zusammen: 1,67 AU für 10 Min.; 5 AU zeitunabhängig für die Datenbanknutzung; 9,90 AU für das Anzeigen von 10 Datensätzen a 0,99 AU. Insgesamt kostet die Recherche 16,57 AU also rd. 33 DM.

3 Die Hosts

BLAISE-LINE, Boston Spa, Großbritannien

Blaise-Line, The British Library Automated Information Service, wurde 1977 gegründet und verfügt über rd. 20 Datenbanken; es ist der Online-Dienst der British Library. Den Schwerpunkt bilden bibliographische Datenbanken.

Zugansgmöglichkeiten über Datex-P, EUROPAnet, Janet und Internet.

The British Library

National Bibliographic Service

Boston Spa, Wetherby

West Yorkshire LS23 7BQ

FAX: 0044-937-546586

Tel.:0044-937-546600

E-Mail: B.KEFFORD@GEC-B.RL.AC.UK

BRS Search Service, London, Großbritannien

BRS, ein Unternehmen der Maxwell-Gruppe, bietet rd. 150 Datenbanken aus dem Bereich Naturwissenschaften, Geistes-, Sozial- und Wirtschaftswissenschaften. Der Schwerpunkt liegt auf den Bereichen Biomedizin und Pharmazie. Der Non-Prime-Time-Service ist BRS Morning Search.

Zugangsmöglichkeiten über Einwählknoten in Berlin, Düsseldorf, Frankfurt/Main, Hamburg, Hannover, Köln, München und Stuttgart und über Datex-P

BRS Search Service
Achilles Hous
Western Avenue

London W3 0UA
Tel.:081-992-3456
FAX :081-993-7335

CARL Systems, Denver, USA

Carl (Colorado Alliance of Research Libraries) ist ein Zusammenschluß von Universitätsbibliotheken aus Colorado und Wyoming; angeboten werden neben den Bibliothekskatalogen der Mitgliedsbibliotheken eine Reihe anderer Datenbanken. Zugangsmöglichkeiten über Internet.

CARL Systems
Bldg. D., Suite 300
3801 E. Florida Ave.
Denver, CO 80210 (USA)
Tel: 303-758-3030
FAX: 303-758-0606

CompuServe, Columbus, Ohio, USA

CompuServe, ein Unternehmen der H&R Block, Inc., ist mit rd. 1,3 Mio. Mitgliedern in über 130 Ländern einer der größten privaten Online-Dienste der Welt. Zugang besteht zu rd. 1700 Datenbanken und 350 Foren.

Zugangsmöglichkeiten über Einwählknoten in Berlin, Düsseldorf, Frankfurt/Main, Hamburg, München und Stuttgart, und über Datex-J und Datex-P.

CompuServe GmbH
Jahnstr. 2
82008 Unterhaching
Tel.:089-66550-0
FAX :089-66550-255

Gebührenfrei innerhalb Deutschlands Tel.: 0130-864643

CompuServe Schweiz

Postfach 100
CH-5703 Seon
Gebührenfrei innerhalb der Schweiz Tel.: 155 31 79

Data-Star, Bern, Schweiz

Data-Star wurde 1981 von Radio Suisse (Bern) gegründet und gehörte seit 1988 dem schweizer Energiekonzern Motor-Columbus. Anfang 1993 wurde Data-Star vom amerikanischen Medienkonzern Knigh-Ridder, zu dem auch Dialog gehört, übernommen. Über 250 Datenbanken mit den Schwerpunkten auf Wirtschafts- und Finanzinformation, Medizin, Pharmazie, Biologie und Biotechnologie stehen zur Verfügung.

Übergänge: Dialog; FIZ Technik; Microbial Stain Data Network; L'Européenne de Données.

Zugangsmöglichkeiten über Datex-P und eigene Datennetze

Vertretung in der Bundesrepublik Deutschland:

D-S Marketing GmbH
Ostbahnhofstr. 13
60314 Frankfurt/Main
Fax: 069/442084
Tel: 069/490643/44

Datex-J (früher: BTX)

Datex-J ist ein elektronischen Informations- und Kommunikationsdienst der Telekom; es ist der Nachfolger des Anfang der 80er Jahre gegründeten Bildschirmtext (BTX) und hat z.Zt. rd. 440.000 Benutzer.

Datex-J, das J steht für Jedermann, ist einerseits ein Netzwerk, an das rd. 500 externe Rechner angeschlossen sind, und mit denen man bei Bedarf verbunden wird, andererseits ist es eine große Mailbox; rd. 2.600 Anbietern aus allen möglichen Branchen und Bereichen bieten ihre Dienstleistungen an.

Datex-J. bietet einen direkten Übergang zu den Videotextsystemen von Frankreich (Teletel), Großbritannien (Prestel) und den Niederlanden (Viditel). Von der Telekom ist geplant, daß in Zukunft von Datex-J aus ein direkter Übergang zu Datex-P möglich sein soll. Zu folgenden Datenbanken bzw. Hosts besteht ein direkter Zugang: CompuServe, DIMDI, GENIOS und zur Datenbank IM GUIDE von ECHO. Zur Nutzung von Datex-J ist ein spezieller Dekoder erforderlich. Mit einem Kommunikationsprogramm, das über die Terminalemulation VT-100 verfügt, kann nur ein geringer Teil der Datex-J-Seiten abgerufen werden. Die monatliche Grundgebühr beträgt 8

DM und die einmalige Anschlußgebühr 65 DM. Zugangsmöglichkeiten über örtliche Einwählknoten.

Weitere Informationen erhalten Sie beim Örtlichen Fernmeldeamt und der Zentralen Datex-J Information Tel: 0130-0199

DBI-LINK, Berlin

DBI-LINK ist der Host des Deutschen Bibliotheksinstituts (DBI) in Berlin. Das DBI entstand 1978 aus der Zusammenlegung der Arbeitsstelle für Bibliothekstechnik und der Arbeitsstelle für das Bibliothekswesen. Es werden 5 bibliographische Datenbanken angeboten.

Zugangsmöglichkeiten über Datex-P, WIN und Internet.

Deutsches Bibliotheksinstitut (DBI)
Bundesallee 184-185
10717 Berlin
FAX: 030/8505-100
Tel: 030/8505-199

Dialog Information Services, Palo Alto, USA

Dialog wurde 1972 in Florida als Informationsdienst des Flugzeugherstellers Lockheed gegründet. Heute ist der Firmensitz Kalifornien und das Unternehmen gehört zur Knight-Ridder Gruppe. Es stehen rd. 400 Datenbanken aus allen Wissensgebieten zur Verfügung.

Zugangsmöglichkeiten über Datex-P, Sprintnet und Thymnet

Vertretung in der Bundesrepublik Deutschland bis Ende 1993:

DIALOG Information Services Inc.
Repräsentant Deutschland/Österreich
c/o EXIT Datenbankdienste GmbH
Graf-von-Stauffenberg-Str. 19
33615 Bielefeld
FAX: 0521/109900
Tel: 0521/161021

Vertretung in der Bundesrepublik Deutschland ab 1994:

D-S Marketing GmbH
Ostbahnhofstr. 13
60314 Frankfurt/Main
Fax: 069/442084
Tel: 069/490643/44

DIMDI, Köln

Das Deutsche Institut für medizinische Dokumentation und Information (DIMDI) wurde 1969 gegründet und untersteht dem Bundesgesundheitsministerium. Über 70 Datenbanken aus dem Bereich der Medizin und ihrer Nachbardisziplinen stehen zur Verfügung. Es besteht ein Hostverbund mit ECHO und mit DBI

Zugangsmöglichkeiten über Datex-J, Datex-P, WIN, EUROPANET und Telefon.

DIMDI
Postfach 42 05 80
Weißhausstr. 27
50939 Köln
FAX: 0221/411429
Tel: 0221/4724-1

ECHO, Luxemburg

ECHO (European Commission Host Organisation) ist der HOST-Dienst der Europäischen Kommission, er untersteht der Generaldirektion XIII/B (Telekommunikation, Informationsindustrie und Innovation). Gegründet 1980 mit dem Ziel, zur Förderung der Online-Informationsnutzung in Europa beizutragen. Es stehen z.Z. 16 Datenbanken zur Verfügung, davon der größte Teil kostenlos.

Zugang über Datex-J, Datex-P, EUROPANET und Internet.

ECHO - European Commission Host Organisation
B.P. 2373
L-1203 Luxembourg

Vertretungen in der Bundesrepublik Deutschland:

Institut der Deutschen Wirtschaft
Gustav-Heinemann-Ufer 84-88
50968 Köln
Tel:0221-3765516
Fax:0221-3765556

Technologie-Vermittlungs-Agentur Berlin e.V.
Informationsdienste
Kleiststraße 23-26
10787 Berlin
Tel:030-21000346
Fax:030-310807

The EPIC - OCLC Europe, Birmingham, Großbritannien

Epic ist der europäische Vertreter des Online Computer Library Center (OCLC) mit Sitz in Ohio (USA). OCLC wurde 1967 als Ohio College Library Center von 54 Universitäts- und College-Bibliotheken gegründet, um einen gemeinsamen Verbundkatalog aufzubauen und den Leihverkehr zwischen den Bibliotheken zu organisieren; heute zählt OCLC weltweit über 5000 Mitgliedsbibliotheken. Über den Einwählknoten in Birmingham, der mit den Computern in den USA verbindet, stehen neben dem eigentlichen Verbundkatalog rd. 30 weitere Datenbanken aus allen Wissensgebieten zur Verfügung.

Zugangsmöglichkeiten über Datex-P, JANET und Internet.

The Epic Service - OCLC Europe
7th Floor, Tricorn House
51-53 Hagley Road
Edgbaston
Birmingham B16 8TP
Großbritannien
Tel.:021-456 4656
FAX :021-456 4680

ESA-IRS, Frascati, Italien

ESA-IRS (European Space Agency - Information Retrieval Service) ist der Online-Informationsdienst der Europäischen Weltraumbehörde. Seit 1972 werden Datenbanken online zur Verfügung gestellt. Heute sind es über 200 Datenbanken aus den Bereichen Naturwissenschaften, Technik, Ingenieurswissenschaften und Wirtschaftswissenschaften.

Zugangsmöglichkeit über Datex-P und Internet.

ESA-IRS
Esrin
Via Galileo Galilei
00044 Frascati
Italien

Vertretung in der Bundesrepublik Deutschland:

Technologie-Vermittlungs-Agentur Berlin e.V.
Informationsdienste
Kleiststraße 23-26
10787 Berlin
Tel:030-21000346
Fax:030-310807

FIZ-Technik, Frankfurt/Main

Das FIZ-Technik wurde 1979 gegründet; es stehen über 80 Datenbanken zur Verfügung. Der Schwerpunkt liegt auf technisch-wissenschaftlichen und technisch-wirtschaftlichen Informationen, dazu gehören Informationen über Produkte, Hersteller, Normen, Richtlinien, Geowissenschaften und Rohstoffe. Es besteht ein Hostverbund mit Data-Star.

Zugangsgmöglichkeiten über Datex-P und WIN.

Fachinformationszentrum Technik e.V.
Postfach 600 547
Ostbahnhofstr. 13
60314 Frankfurt/Main
Tel: 069/4308-225
Fax: 069/4308-200

GBI, München

Die Gesellschaft für Betriebswirtschaftliche Information (GBI) - German Business Informationen wurde 1978 gegründet und bietet heute rd. 80 Datenbanken aus dem Bereich der Wirtschaftsinformation an. Einen Schwerpunkt bilden deutschsprachige Wirtschaftsinformationen.

Zugangsmöglichkeiten über Datex-P.

GBI - Gesellschaft für Betriebswirtschaftliche
Information mbH
Postfach 810 360
Freischützstr. 96
81927 München
Tel: 089/9570064
Fax: 089/954229

GENIOS- Wirtschaftsdatenbanken, Düsseldorf

GENIOS ist ein Unternehmen des Handelsblatts. Angeboten werden über 60 Datenbanken aus den Bereichen Wirtschaft und Finanzen.

Zugangsmöglichkeiten über Datex-J und Datex-P.

GENIOS-Wirtschaftsdatenbanken
Postfach 10 11 02
Kasernenstr. 67
40213 Düsseldorf
FAX: 0221/88715-20
Tel: 0221/88715-24/-21/-23

JURIS, Saarbrücken

Die JURIS GmbH (Juristisches Informationssysstem für die Bundesrepublik Deutschland) wurde 1985 gegründet. Zu den Gesellschaftern gehören u.a. der Bundesjustizminister, der Deutsche Anwaltsverein und die Bundesrechtsanwaltskammer. Es werden 8 Datenbanken aus allen Bereichen der Rechtswissenschaft angeboten.

Zugangsmöglichkeit über Datex-P.

Juris GmbH
Gutenbergstr. 23
66117 Saarbrücken
Tel.:0681/58660
FAX :0681/5866-239

Knowledge Index, Palo Alto, USA

Der Knowledge Index ist der Non-prime-time Dienst von Dialog. Der Knowledge Index bietet rd. 100 Datenbanken von Dialog aus allen Wissensgebieten zu einem ermäßigten Preis an. Zugangsmöglichkeit über CompuServe.

Weitere Informationen bei: CompuServe

LOCIS, Washington, USA

Das Library of Congress Information System (LOCIS) stellt den Online-Katalog der Library of Congress zur Verfügung. Zugangsmöglichkeiten über Internet.

LOCIS
101, Independence Ave., SE
Washington, DC 20540 (USA)
Tel: 202-707-5114

ORBIT Search Service, London, Großbritannien

Der ORBIT Search Service, ein Unternehmen der Maxwell-Gruppe, bietet rd. 100 Datenbanken aus den Bereichen Patente, Materialwissenschaften, Chemie, Energie, Wirtschaft und Ingenieurswissenschaften an.

Zugangsmöglichkeiten über Einwählknoten in Berlin, Düsseldorf, Frankfurt/Main, Hamburg, Hannover, Köln, München und Stuttgart und über Datex-P.

ORBIT Search Service
Achilles Hous
Western Avenue
London W3 0UA
Tel.:081-992-3456
FAX :081-993-7335

Questel, Nanterre, Frankreich

Questel, ein Unternehmen der französischen Telecom, bietet rd. 120 Datenbanken mit dem Schwerpunkt auf den Bereichen Chemie, Patente, Wirtschafts- und Finanzinformationen an.

Zugangsmöglichkeiten über Datex-P.

Questel
Le Capitole
55, Avenue des Champs Pierreux
92029 Nanterre
Frankreich

Vertretung in der Bundesrepublik Deutschland:

IuK Information Service GmbH
Merzhauser Str. 110
79100 Freiburg
Tel.:0761/4590720
FAX :0761/409668

RLG, Mountain View, Kalifornien, USA

Die RLG (Research Libraries Group) wurde 1974 gegründet und ist heute der Verband der bedeutendsten Forschungsbibliotheken der USA. Das wichtigste Projekt ist die Datenbank RLIN (Research Libraries Information Network). Mitglieder von RLG sind Bibliotheken von Hochschulen, in denen die Forschung an 1. Stelle steht.

Zugangsmöglichkeiten über Internet.

The Research Library Group
1200 Villa Street
Mountain View, California 94041-1100 (USA)
Tel: 415-962-9951
FAX: 415-964-0943
E-Mail: BL.RIC@RLG.STANFORD.EDU und BL.RIC@RLG.BITNET

Statistisches Bundesamt, Wiesbaden

Das Statistische Bundesamt bietet mit der Datenbank STATIS-BUND ihr statistisches Material online an.

Zugangsmöglichkeiten über Datex-P

Statistisches Bundesamt
Gustav-Stresemann Ring 11
65189 Wiesbaden
Tel: 0611/752426
Fax: 0611/724000
BTX: *48484#

STN - Columbus, Karslruhe, Tokyo

Das 1977 gegründete FIZ-Karlsruhe betreibt zusammen mit der American Chemical Society (ACS) und dem Japan Information Center of Science and Technology (JICST) den internationalen Rechnerverbund "STN - The Scientific & Technical Information Network", der rd. 130 Datenbanken aus den Bereichen Naturwissenschaft und Technik anbietet. Schwerpunkte bilden dabei die Gebiete Chemie, Physik, Mathematik, Energieforschung, Materialwissenschaften und Technologie.

Zugangsmöglichkeiten über Datex-P, WIN und EUROPANET.

STN International
c/o Fachinformationszentrum Karlsruhe
Postfach 2465
7500 Karlsruhe 1
FAX: 07247/808-666
Tel: 07247/808-555

4 Datennetze

Bevor man auf einen fremden Computer zugreifen kann, in der Fachsprache nennt man diesen Vorgang "Remote Login", muß man eine Verbindung zu ihm herstellen. Eine Verbindung kann auf unterschiedlichen Wegen hergestellt werden; über ein Verbindungskabel, die Telefonleitung oder spezielle Datennetze, je nachdem wie weit die Computer voneinander entfernt sind.

Die Verbindung mit einem fremden Computer hängt auch davon ab, ob und wie er mit der Außenwelt verbunden ist. Ein Weg oder ein Stück des Weges wird meist über das Telefonnetz zurückgelegt. Der eigene Computer, mit einem Modem verbunden, kann einen anderen Computer, der ebenfalls über ein Modem mit dem Telefonnetz verbunden ist, anrufen und Daten austauschen.

Bild 4.1: Verbindung von PC via Modem

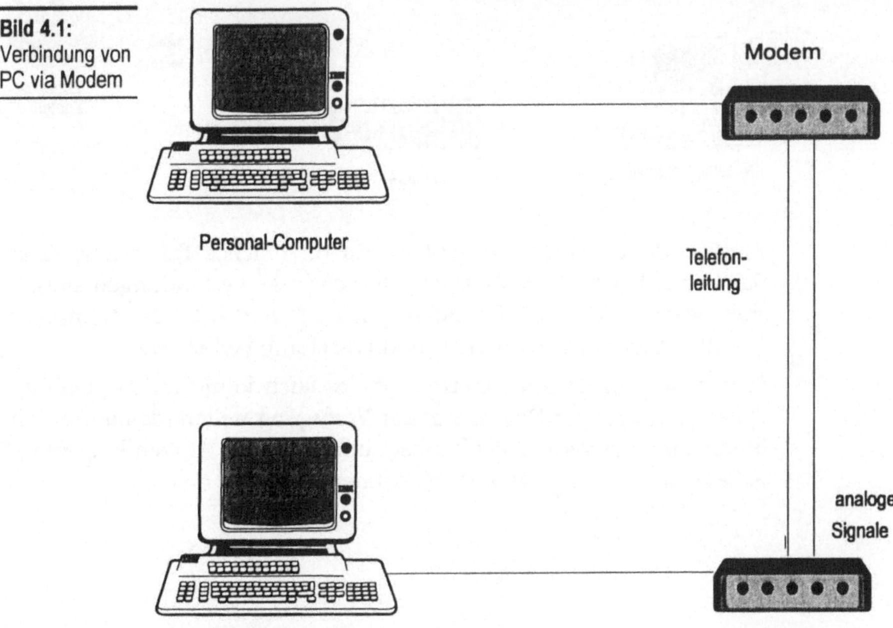

Solange ein solcher Anruf zum Ortstarif möglich ist, kann man diesen Weg wählen. Doch wenn ein teures Ferngespräch, womöglich sogar ins Ausland, nötig ist, einen anderen Computer zu erreichen, dann wird das auf die Dauer recht teuer. Deshalb gibt es für die Datenkommunikation spezielle Netze. Diese Netze erreicht man indem der eigene Computer per Telefonleitung zunächst einen Zugangsknoten zu einem Datennetz anwählt und dann die Verbindung zum anderen Rechner herstellt.

Bild 4.2: Verbindung zu Fremdrechner über Modem und Zugangsknoten

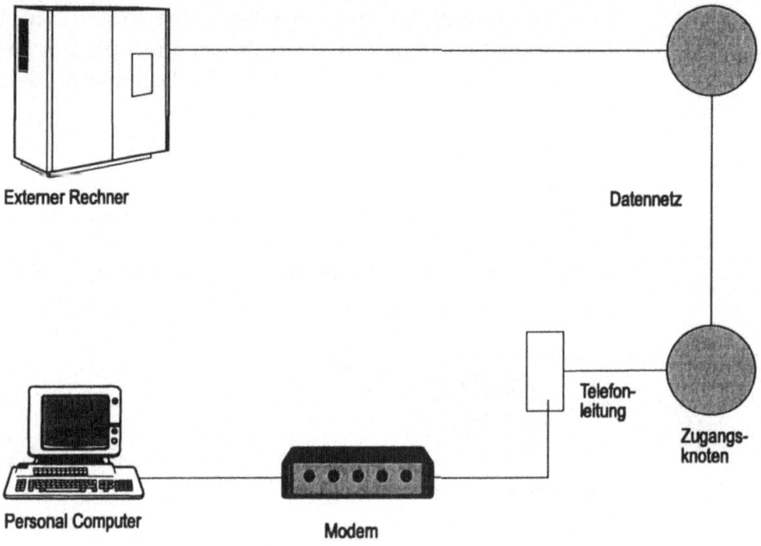

Externer Rechner

Datennetz

Telefonleitung

Zugangsknoten

Personal Computer

Modem

Ähnlich dem Telefonnetz gibt es ein öffentliches Datennetz, über das sowohl nationale als auch internationale Verbindungen hergestellt werden können. Daneben gibt es Datennetze, die Computer aus dem Bereich Wissenschaft und Forschung verbinden.

Neben den reinen Datennetzen gibt es auch kommerzielle Online-Dienste, die eigene Datennetze zur Verfügung stellen, damit die von ihnen angebotenen Datenbanken und anderen Anwendungsmöglichkeiten auch genutzt werden können.

4.1 Datex-P

Eines der öffentlichen Daten-Netze der Bundesrepublik ist das Datex-P-Netz. "Datex" ist die Abkürzung für "Data exchange" (Datenaustausch) und das P steht für "packet-switched" (paketvermittelt).

Wie der Name sagt, werden in diesem Netz, wie in den meisten anderen Datennetzen auch, die Daten in Paketen versandt. Paketvermittlung bedeutet, daß die Daten, die übertragen werden, zunächst zu kleineren Datenpaketen verpackt und gekennzeichnet werden. Die verpackten und gekennzeichneten Datenpakete werden dann auf sehr schnellen Datenleitungen, Datex-P. überträgt zur Zeit mit 64 Kb pro Sekunde, verschickt. Aber anders als beim Telefonieren erfolgt die Übertragung nicht über eine einzige Leitung, sondern es werden alle gerade verfügbaren freien Leitungen für die Übertragung genutzt.

Beim Empfänger schließlich werden die Datenpakete in der markierten Reihenfolge, unabhängig davon, wann die Datenpakete angekommen sind, zusammengesetzt. Auf diese Weise werden Übertragungskapazitäten nur genutzt, wenn tatsächlich Daten unterwegs sind.

Weil die Daten in sehr hoher Geschwindigkeit übertragen werden, entsteht beim Benutzer der Eindruck, daß er direkt mit einem anderen Rechner verbunden ist. Den Datendienst Datex-P kann man auf unterschiedliche Weise nutzen. Für welchen der vorhandenen Datex-P-Dienste man sich entscheidet, hängt davon ab in welchem Umfang, wie häufig und mit welchen Geräten man Daten senden und empfangen wird.

Will man das Datennetz nutzen, um mit seinem PC zu einem anderen Rechner Verbindung aufzunehmen, dann benutzt man am besten den Datendienst Datex-P20F. Über die Telefonleitung wird der nächstgelegene Einwählknoten angewählt; dort erreicht man zunächst die PAD-Einrichtung, "PAD" ist die Abkürzung für "Packet Assembly/Disassemley Facility", es ist die Anpassungseinrichtung, die die Daten verpackt und sie dann an den Zielrechner verschickt; umgekehrt empfängt sie die Daten, entpackt sie und paßt die Übertragungsgeschwindigkeit an den angeschlossenen PC an.

Die Einstellung der PAD übernimmt in der Regel der angewählte Rechner, so daß man sich über diese technischen Details keine weiteren Gedanken machen muß. Um Datex-P20F nutzen zu können, braucht man eine Benutzerkennung, sie heißt "Network User Identifikation" (NUI), die man gegen eine einmalige Bereitstellungsgebühr und eine monatliche Grundgebühr bei der Telekom erhält. Antragsformulare gibt es bei der Geschäftskundenabteilung des jeweiligen Fernmeldeamtes, wo man auch die aktuellen Preise erfährt.

Neben dem Datendienst Datex-P20F gibt es für ISDN-Anschlüsse den Dienst Datex-P20I. Anstelle eines Modems ist hier eine spezielle ISDN-Adapterkarte erforderlich.

Mit dem Hauptanschluß Datex-P20H, einer dritten Möglichkeit, besteht eine feste Verbindung zwischen dem eigenen Rechner und der nächstgelegenen PAD; der Telefonzugang entfällt.

Eine vierte Möglichkeit schließlich ist der Hauptanschluß Datex-P10H, hier erhält man eine eigene PAD, die mit dem eigenen Computer direkt verbunden wird.

Bild 4.3: Datex-P-Dienste

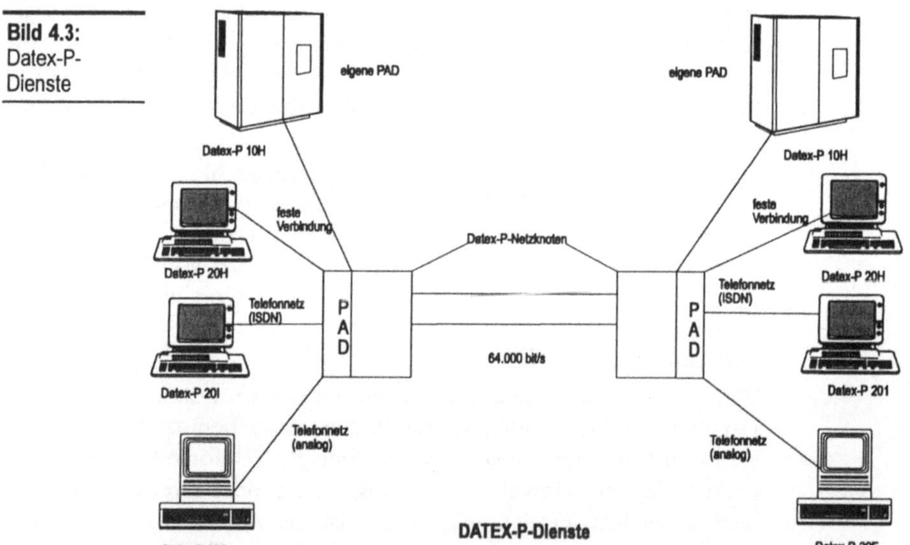

Für die gelegentliche Nutzung externer Datenbanken mit dem eigenen PC ist der Dienst Datex-P20F die z.Zt. preisgünstigste und einfachste Lösung. Bei einer sehr intensiven Nutzung von Datex-P sollte man sich bei der Telekom über die Kosten der andren Dienste informieren, um die für sich preisgünstigste Lösung auszuwählen.

4.1.1 Kosten

Die Kosten für die Datex-P-Nutzung sind im wesentlichen entfernungsunabhängig, d.h. es ist egal ob man Verbindungen mit Berlin, München, oder Frankfurt herstellt.

Bei Auslandsverbindungen wird ein spezieller Ländertarif zugrundegelegt. Die wesentlichen Kostenelemente sind die Gebühren für die Dauer der Verbindung; sie setzen sich zusammen aus Anpassungs-, Zugangs- und Zeitgebühren, und die Gebühren für die Menge der übertragenen Zeichen (Volumengebühr). Wieviel Zeichen in einer bestimmten Zeit übertragen werden, hängt natürlich von der Geschwindigkeit der Datenübertragung ab. Die den Beispielen zugrundegelegte Datenmenge basiert auf Erfahrungswerten bei einer Geschwindigkeit von 2400 Bps.

Tabelle 4-1: Gebühren im Datendienst Datex-P20F (ohne MWST)

Anmeldegebühr: 10 DM

Monatliche Grundgebühr: 15 DM

Inland

Volumengebühr - Inland (DM)

Mengenstaffel	**N**	**B1**	**B2**
Bis 0,2 Mio Segmente	0,0033	0,0018	0,0009
alle weiteren	0,0016	0,0012	0,0006

(Ein Segment besteht aus bis zu 64 Bitgruppen zu je 8 Bit (64 Byte=512 Bit))

Volumengebühr-Zeitabschnitte für Datex-P-Verbindungen im Inland

Uhr	**Mo**	**Di**	**Mi**	**Do**	**Fr**	**Sa**	**So**
0-6	B2	B2	B2	B2	B2	B2	B2
6-8	B1	B1	B1	B1	B1	B1	B2
8-14	N	N	N	N	N	N	B2
14-18	N	N	N	N	N	B2	B2
18-22	B1	B1	B1	B1	B1	B2	B2
22-24	B2	B2	B2	B2	B2	B2	B2

(N: Normaltarif; B1: Billigtarif 1; B2: Billigtarif 2

An bundeseinheitlichen Feiertagen werden Gebühren wie an Sonntagen erhoben, am 24. und 31. Dezember wie Samstag.)

Zeitgebühren:

Anpassungsgebühr:	0,06 DM pro Min.
Zugangsgebühr:	0,04 DM pro Min.
Zeitgebühr:	0,01 DM pro Min.
Gesamt:	0,11 DM pro Min

Bereitstellungsentgelt pro Verbindung: 0,05 DM

Volumengebühren:

Volumengebühren für die übertragenen Zeichen; bei angenommenen 50 Segmenten pro Min. (abhängig von der Geschwindigkeit der Datenübertragung), was 3200 Byte entspricht, und 3000 Segmenten pro Stunde (192.000 Byte), ergäben sich pro Stunde, je nach Tarif, Volumengebühren zwischen 2,70 DM (Billigtarif 2) und 9,90 DM (Normaltarif).

Bei einer höheren Übertragungsgeschwindigkeit würden in derselben Zeit mehr Segmente übertragen, und die Gebühren würden sich entsprechend erhöhen.

1 Stunde Übertragungskosten Inland in DM:

Zeitgebühren (0,11DM x 60 Min.)	6,60
Bereitstellungsentgelt pro Verbindung:	0,05
Volumengebühr:	2,70 (B2) bis 9,90 (N)
Gesamt Normaltarif:	18,85
Gesamt Billigtarif 2:	10,50

Außerdem kommen Telefongebühren von 0,23 DM pro 6 Min bzw. 12 Min (im Ortsnetzbereich) für die Telefonverbindung zum Datex-P Einwählknoten hinzu. Ergibt pro Std. je nach Tageszeit Gebühren von 1,15 DM bis 2,30 DM. Je nach Übertragungszeit fallen im Inland Datex-P-Gebühren von 10 bis 20 DM (plus Mehrwertsteuer) an.

Ausland

Je nach Land werden folgende Zeit- und Volumengebühren erhoben. Billigtarife gibt es hier nicht. Die Anpassungs- Zugangs- und Bereitstellungsgebühren ensprechen den Inlandsgebühren (Auswahl):

Großbritannien

Volumengebühr	0,005 pro Segment
Zeitgebühr	0,05 DM pro Min

Luxemburg

Volumengebühr	0,005 pro Segment
Zeitgebühr	0,05 DM pro Min

Schweiz

Volumengebühr	0,005 pro Segment
Zeitgebühr	0,05 DM pro Min

USA (außer Alaska)

Volumengebühr	0,009 pro Segment
Zeitgebühr	0,15 DM pro Min

1 STD Übertragungskosten in die USA in DM:

Anpassungsgebühr(0,06 DM x 60 Min)	3,60
Zugangsgebühr (0,04 DMx 60 Min.)	2,40

Zeitgebühr (0,15 DM x 60 Min.)	9,-
Bereitstellungsentgelt pro Verbindung:	0,05
Volumengebühr (3000 Segmente a 0,009 DM)	27,-
Gesamt USA (ohne MWST)	42,05

Außerdem kommen Telefongebühren von 0,23 DM pro 6 Min. bzw. 12 Min. (im Ortsnetzbereich) für die Telefonverbindung zum Datex-P Einwählknoten hinzu; ergibt pro Std. je nach Tageszeit Gebühren von 1,15 DM bis 2,30 DM.

4.2 WIN

Das Wissenschaftsnetz (WIN) ist ein spezielles Datennetz für Einrichtungen der Forschung und Wissenschaft, die als gemeinnützig anerkannt sind und öffentlich gefördert werden.

Technisch gesehen arbeitet WIN wie das Datex-P-Netz, es handelt sich ebenfalls um eine paketvermittelnde Datenübermittlung. Der wesentliche Unterschied besteht in der Gebührenstruktur. WIN wird seit 1990 von der Telekom dem Verein zur Förderung eines Deutschen Forschungsnetzes (DFN) gegen einen pauschalen Jahresbetrag zur Verfügung gestellt. Die Abrechnung der angeschlossenen Anwender mit dem DFN-Verein erfolgt über eine Pauschale, die sich nach der in Anspruch genommenen Datengeschwindigkeit richtet und nicht nach der Menge der übertragenen Daten.

Ca. 300 Universitäten, Hochschulen und Forschungsinstitute sind in der Bundesrepublik an das Netz angeschlossen; über mehrere Netzübergänge ist sowohl ein Zugang zum Datex-P-Netz als auch zum europäischen Wissenschaftsnetz, dem EUROPAnet möglich; das EUROPAnet hatte früher die Bezeichnung "Intenational X.25 Interconnect" und wurde meist nur als "IXI" abgekürzt. Informationen über den WIN-Zugang erhält man bei seiner Hochschule.

5 Das Internet

Das Internet ist eigentlich nur ein Netz von weltweiten Datennetzen, das Einrichtungen aus Wissenschaft, Forschung und Lehre verbindet. Aber das Internet lediglich als ein Datennetz zu beschreiben, würde den Möglichkeiten, die dieses Netz bietet, nicht gerecht werden.

Trotz der vielfältigen Anwendungsmöglichkeiten ist es kein kommerzieller Online-Dienst. Das Internet wird von wissenschaftlichen Einrichtungen der ganzen Welt getragen, ohne daß es eine zentrale Verwaltung des Netzes gibt. Die vielfältigen Anwendungsmöglichkeiten, die das Netz bietet, rufen beim Internet-Neuling zunächst ungläubige Verwunderung hervor. Bei einer Einführung in die Online-Recherche darf dieses Netz keinesfalls fehlen, aber es kann hier leider nicht so ausführlich beschrieben werden, wie es nötig wäre, um die Netzressourcen auch nur annähernd erschöpfend zu behandeln. Hier kann nur ein sehr lückenhafter Überblick gegeben werden.

Neben einer Reihe von englischsprachigen Publikationen, die z.T. auch online über das Netz erhältlich sind, liegt in deutscher Sprache bisher lediglich das sehr lesenswerte Buch von Maier/Wildberger ("In 8 Sekunden um die Welt") vor. Neben den gedruckten Medien ist das Netz selbst die beste Informationsquelle. Es bietet selbst eine Reihe von Hilfsmitteln, damit sich der Neuling im Netz zurechtfindet.

Rd. 11 Mio. Menschen sind direkt über das Netz verbunden. Außerdem bestehen Übergänge zu anderen Netzen, wie dem BITNET (Because it's Time Network), dem UUCPnet (Unix-to-Unix Copy Protocol Net), dem USENET, dem FidoNet und auch kommerziellen Online-Diensten wie z.B. CompuServe.

Tabelle 5-1: Netze der Netz-Matrix 1993

Datennetz	Hosts	Länder	Benutzer (Mio.)
BITNET	3.284	55	0.243
FidoNet	21.400	77	1.712
Internet	1.486.000	54	11.145
USENET	93.000	50	2.7
UUCPnet	16.400	120	0.492
Gesamt:	1.620.084	ca. 130	16.29
(Quelle: Matrix News, Vol. 3, No.8, August 1993, S.11)			

Man schätzt, daß heute mehr als 20 Mio. Menschen aus über 130 Ländern über diese Netz-Matrix verbunden sind und Nachrichten austauschen können. Das Internet selbst ist ein Netzwerk bestehend aus ca. 8000 Unternetzwerken in rd. 50 Ländern auf allen 7 Kontinenten.

Über die unterschiedlichsten Verbindungen sind lokale Netzwerke mit landesweiten und internationalen Netzwerken verknüpft. Grundlage dieser Verknüpfungen ist eine Festlegung von einheitlichen Regeln für die Datenübertragung. Ein solches einheitliches Regelwerk nennt man im Bereich der Datenübertragung Protokoll.

Die wesentlichen Elemente der im Internet verwendeten Protokolle sind das Transmission Control Protocol (TCP) und das Internet Protocol (IP), was dem Netz auch seinen Namen gab.

Das Internet begann seine Existenz 1969 in den USA als Advanced Research Projects Agency Net (ARPANET), einem Datennetz des amerikanischen Verteidigungsministeriums, das 4 Großcomputer miteinander verband. Heute ist das NSFNET (National Science Foundation Network) in den USA, das 1986 in Betrieb genommen wurde, einer der wichtigsten Rückgratknochen (backbone) dieses Netzes.

Das Wachstum des Netzes ist enorm. 1981 waren 213 Computer an das Netz angeschlossen, 1992 waren es 727.000 und 1993 waren es rd. 1,5 Mio., und die Wachstumsdynamik hält an. Pro Monat, so schätzt man, nimmt der Verkehr auf dem Netz um 10% zu, alle 7 Monate verdoppelt er sich. Für die Zukunft ist geplant, das NSFNET, das heute Daten mit einer Geschwindigkeit von 45 Megabits (45 Mio Bit) pro Sekunde überträgt durch das National Research and

Education Network (NREN) zu ersetzen, das dann Daten mit einer Geschwindigkeit von 1 Gigabit (1 Mrd. Bit) pro Sekunde übertragen soll, was einer Menge von rd. 50.000 Schreibmaschinenseiten pro Sekunde enspricht.

5.1 Die Internet-Adressierung

Jeder im Internet angeschlossene Rechner verfügt über eine IP-Adresse, die aus 4 Nummern besteht, die durch Punkte getrennt werden. Neben der IP-Adresse hat jeder Rechner außerdem eine Namens-Adresse; häufig begegnet einem diese Form der Adresse. Dabei wird ein hierarchisches Domain Name System (DNS) verwandt; die oberste Ebene ist in diesem Fall das Land, es folgen der Ort, der spezifische Rechner usw. (<Rechner><Universität-xy><Deutschland>).

Von rechts nach links gelesen und durch Punkte getrennt ergibt sich so eine Zuordnung von der obersten zur untersten Ebene, vom Länder- zum Rechnernamen. Ganz rechts steht das Länderkürzel, es folgt der Zentralrechner und möglicherweise einer oder mehrere untergeordnete Rechner. Im Grunde ist es wie bei einer Postadresse, bei der unten das Land steht, weiter oben die Stadt, die Straße und schließlich steht oben der Name.

Jeder im Netz angeschlossene Rechner hat eine Datei mit den Namens- und IP-Adressen aller anderer Rechner und übersetzt die Namens-Adresse in die eigentliche IP-Adresse.

Der AIX-Rechner 1 im regionalen Rechenzentrum der Universität Hamburg hat z.B. die Namens-Adresse “RZAIX01.RRZ.UNI-HAMBURG.DE” und die IP-Adresse “134.100.3.1”. Im Unterschied zur IP-Adresse hat die Namens-Adresse den Vorteil, daß man sie einfacher zuordnen und behalten kann.

Tabelle 5-2: Internet Länder- und Organisationskürzel

AT: Österreich
AU: Australien
CA Kanada
CH Schweiz
DE Deutschland
DK: Dänemark
ES: Spanien

FI: Finnland

FR Frankreich

IT: Italien

JP: Japan

KR: Korea

LU: Luxemburg

PL: Polen

SE: Schweden

TW: Taiwan

UK Großbritannien

US USA

Je nach Zugehörigkeit des Hosts zu einer Organisation werden die folgende Kennungen verwandt:

COM : Kommerzielle Organisationen

EDU : Organisationen des Bildungssektors (Education)

GOV : Regierungsstellen (Goverment)

MIL : Verteidigungsministerium (Military)

NET : Netzwerkbetreiber (Network)

ORG : Sonstige Organisationen

Wird innerhalb des Internet oder über die verbundene Netzmatrix elektronische Post, sog. "E-Mail" versandt, so wird der Name des Empfängers vor die Adresse gestellt und mit dem Klammeraffen "@" verbunden, das "@"steht für "at" (bei). Die E-Mail Adresse lautet demnach <Benutzername>@<Rechnername><Land>. Anstelle des Länderkürzels erscheint im manchen Fällen ein Organisations- oder Netzkürzel.

5.2 Telnet, FTP und E-Mail

Das Internet ermöglicht im wesentlichen die folgenden drei Anwendungen:

1. den Zugriff auf fremde Computer (Remote Login) über das Terminalprogramm "Telnet";
2. die Übertragung von Dateien mit Hilfe des File Transfer Protocol (FTP);
3. das Senden und Empfangen Elektronischer Post ("E-Mail").

Das Einloggen auf einem fremden Computer, um z.B. eine Online-Recherche durchzuführen, erfolgt mit dem Befehl "telnet" gefolgt von der Rechneradresse. Adressen von Rechnern, auf die man per telnet zugreifen kann, werden deshalb in einschlägigen Verzeichnissen mit "telnet" angegeben (Telnet <Rechneradresse>).

Die Benutzung des Netzes selbst und viele Anwendungen sind frei und kostenlos über öffentliche Paßworte zugänglich; in manchen Fällen ist es allerdings notwendig, sich beim fremden Rechner anzumelden und die Zuteilung einer Nutzerkennung und eines Paßwortes abzuwarten.

Das Datenübertragungsprotokoll (FTP) ermöglicht es Dateien von Rechner zu Rechner zu übertragen. Dateien, die per FTP frei kopiert werden dürfen, sind über das Login "anonymous" erreichbar; es ist üblich als Paßwort die eigene E-Mail-Adresse anzugeben.

Dateien, die per FTP kopiert werden können, werden in den Verzeichnissen meist mit "ftp" gefolgt von der Rechneradresse und einer Beschreibung des Verzeichnisses, in dem sich die Datei befindet, angegeben (FTP <Rechneradresse>).

Um per telnet oder per FTP auf fremde Computer zugreifen und Dateien versenden und/oder empfangen zu können, muß ein direkter Netzzugang bestehen. Wer keinen direkten Internet-Zugang hat, aber ein anderes, mit dem Internet verknüpftes Netzwerk, benutzt, sei es das BITNET oder einen kommerziellen Online-Dienst wie z.B. CompuServe, kann auch per E-Mail auf die Netzressourcen zugreifen.

Das Versenden von bestimmten Befehlen an bestimmte Rechner führt dazu, daß man von diesen Rechnern Dateien als E-Mail zurückerhält. Eine E-Mail mit den Worten "send help" (ohne Anführungsstriche) im Nachrichtfeld (nicht im Subjekt-Feld) an die Adresse "Mailserv@is.internic.net", erhält als Antwort eine Datei mit weiteren Informationen.

In der Bundesrepublik sind die meisten Hochschulen und Universitäten ans Internet angeschlossen, die Anpsrechpartner für eine Internet-Nutzung sind hier die Rechenzentren und die EDV-Verantwortlichen der jeweiligen Fachbereiche.

6 CompuServe

CompuServe (CS) wurde 1969 als Computer-Time-Sharing Unternehmen gegründet, das Firmen und Einzelpersonen den Zugriff auf Großcomputer ermöglichen sollte. Seit 1979 ist CS als Online-Informationsdienst tätig, gehört seit 1980 zur H&R Block Firmengruppe, verfügt über ein eigenes Datennetzwerk und ist heute mit rd. 1,3 Mio. Mitgliedern in über 130 Ländern der wohl größte private Online-Dienst der Welt.

CS bietet Kommunikations- und Informtionsmöglichkeiten an, die die gesamte Palette der Möglichkeiten von Online-Diensten abdekken. In rd. 1700 Datenbanken aus den unterschiedlichsten Themengebieten kann online recherchiert werden. Das Angebot reicht von Grolier's 21-bändigem Lexikon bis hin zu Zeitungen und Zeitschriften im Volltext.

In rd. 350 Foren zu den unterschiedlichsten Themen, können Informationen und Meinungen ausgetauscht werden. Die Möglichkeiten, die CS bietet sind so umfassend und vielseitig, daß es ein anderes Buch füllen würde, wollte man sie alle ausführlich beschreiben. Nicht zu unrecht wirbt CS mit dem Slogan: "The information service you won't outgrow."

Man kann CS mit einem normalen Terminalprogramm oder mit einem der zahlreichen eigens für die Benutzung von CS entwickelten Navigationsprogramme benutzen. Von CS selber werden der CompuServe Information Manager (CIM) für DOS, Windows und Macintosh angeboten.

Die CS-Gebühren bestehen aus einer Anmeldegebühr (70 DM), einer Monatsgebühr ($ 8.95), den zeitabhängigen Gebühren für die Nutzung von Profi- und Premium Diensten und den Kommunikationszuschlägen.

Die angebotenen Dienste sind in die Kategorien Basic, Profi und Premium Service unterteilt. Im Monatsbeitrag ist die unbeschränkte Nutzung der Basis Dienste in der Zeit von 19 Uhr bis 8 Uhr Ortszeit, sowie an den Wochenenden und den amerikanischen Feiertagen enthalten. Wenn man im Ortsnetzbereich einen Einwählknoten hat, entstehen in dieser Zeit lediglich die Telefongebühren für ein Ortsgespräch. Für die Benutzung des CS Netzes werden in der Zeit von 8.00 Uhr bis 19.00 Uhr Gebühren in Höhe von $7.70 pro Stunde berechnet. Zusätzliche Datennetzgebühren fallen an, wenn man keinen CompuServe-Einwählknoten im Ortsbereich hat, sondern zusätzlich Datex-J, Datex-P oder ein anderes Netz benutzen muß.

Tabelle 6-1: CompuServe-Basis-Dienste (BASIC SERVICES)

Member Assistance
Tour/Find a Topic
Command Summary/How to Use
Ask Customer Service
Membership Changes
What's New
Practice Forum
CompuServe Help Forum
Billing Information
Telephone Access Numbers
Order from CompuServe
Rules of Operation/Copyright
Member Directory
Special Events & Contests
Member Support Services
COMMUNICATIONS SERVICES
CompuServe Mail
CompuServe Classifieds
CompuServe Software
Support Forums
Member Directory
Ask Customer Service
Member Recommendation Program

NEWS SERVICES Associated Press Online Weather UK News/Weather/Sports Online Today Daily Edition
TRAVEL SERVICES WORLDSPAN Travelshopper WORLDSPAN Travelshopper (CIM) EAASY SABRE EAASY SABRE (CIM) Electronic Mall Merchants Zagat Restaurant Guide Travel Britain Online Dept of State Advisories Visa Advisors
The Electronic MALL & Shopping The Electronic MALL ® SHOPPERS ADVANTAGE Club Order From CompuServe Online Inquiry Consumer Reports CompuServe Classifieds
BASIC GAMES AND ENTERTAINMENT Science Trivia Quiz The Grolier Whiz Quiz Hollywood Hotline / ShowBizQuiz

Classic Adventure Enhanced Adventure CastleQuest BlackDragon Biorhythms Roger Ebert's Movie Reviews Hangman Soap Opera Summaries
REFERENCE SERVICES Academic American Encyclopedia Consumer Reports Peterson's College Guide HealthNet Handicapped Users Database American Heritage Dictionary Consumer Reports Complete Drug Reference
FINANCIAL SERVICES Basic Quotes FundWatch Online By Money Magazine Issue/Symbol Lookup Mortgage Calculator

6.1 Der Knowledge Index

Der Knowledge Index stellt über 100 Datenbanken von Dialog Information Services aus fast allen Wissensgebieten zu einer reduzierten Gebühr zur Verfügung.

Den KI gibt es seit rd. 11 Jahren, seit Frühjahr 1993 ist er ausschließlich über CompuServe erreichbar. Ein Verzeichnis der im KI verfügbaren Datenbanken liegt online vor. Der KI kann benutzt werden Montag bis Freitag von 18 Uhr bis 5 Uhr (Ortszeit) und am Wochenende von Freitag 18 Uhr bis Montagmorgen 5 Uhr (Ortszeit). Von Sonntag 2 Uhr bis Sonntag 10 Uhr US-Pacific Time (= Sonntag 12 bis 20 Uhr MEZ) steht der KI nicht zur Verfügung. Die Gebühren betragen $24 pro Stunde ($0.40 pro Minute), für das Anzeigen der Datensätze wird keine zusätzliche Gebühr berechnet; die CompuServe Verbindungsgebühren sind darin enthalten. Die aufgefundenen Dokumente können z.T. auch online bestellt werden.

6.2 IQUEST

IQUEST ist ein Datenbankservice von CompuServe, keine eigene Datenbank. Der Service ermöglicht es in den rd. 850 Datenbanken der Anbieter BRS Search Service, Data-Star, Dialog, Europeenne De Donnes, FT Profile, News Net, ORBIT Search Service, Questel und H.W. Wilson Company zu recherchieren. Jede Suche kostet z.Zt. $9, dafür werden bis zu 10 Titel in bibliographischen und bis zu 15 Titel in Volltextdatenbanken angezeigt; pro angezeigtem Abstract werden $3 berechnet; je nach Datenbank kommen zusätzliche Gebühren hinzu.

Mit IQUEST-I steht eine menügesteuerte Benutzung zur Verfügung, die auch bei der Datenbankauswahl behilflich ist; bei IQUEST-II liegt die Auswahl der Datenbank beim Benutzer. Mit dem zusätzlichen Service Smartscan (Zusatzgebühr $5) kann in mehreren Datenbanken gleichzeitig gesucht werden.

Fotokopien der aufgefundenen Aufsätze und Artikel können online bestellt werden. Mit IQUEST steht eine umfangreiche Auswahl von Datenbanken zur Verfügung, ohne daß mit jedem Datenbankanbieter ein spezieller Vertrag abgeschlossen werden muß, man sich in eine ungewohnte Benutzerumgebung einarbeiten oder sich Gedanken über Verbindungswege zu den jeweiligen Hosts machen müßte.

6.3 Die CompuServe Foren

Wer die Foren mit ihren umfangreichen Bibliotheken aufsucht, wird feststellen, daß Datenbanken nicht die einzige Informationsquelle in der Online-Welt sind. Die Foren bestehen aus 3 Bereichen; zum einen aus:

- elektronischen "Schwarze Bretter", sog. "Bulletin Board Systems" (BBS), die es erlauben, Nachrichten, Fragen und Mitteilungen auszutauschen.
- Einen 2. Bereich der Foren bildet eine elektronische Bücherei, in der umfangreicherere Informationen, wie z.B. längere Artikel, Graphiken und Computerprogramme, zur Verfügung stehen, die man auf seinen eigenen Computer herunterladen (download) kann.
- Den 3. Bereich der Foren bildet die unmittelbare Diskussion; hier kann online mit anderen diskutiert werden.

Die Foren zählen zu den Profi-Diensten, für ihre Benutzung wird eine Gebühr von $8 (bei 2400 Baud) bzw. $16 (bei 9600 Baud) pro Stunde berechnet. Es gibt einige Foren, die sich vor allem an Neulinge richten, wo ihre Fragen und Probleme behandelt und Tips für den Einstieg gegeben werden. Die Nutzung dieser Foren ist Bestandteil des Basic Service und nicht mit zusätzlichen Kosten verbunden; hier kann sich jeder Neuling mit der Arbeits- und Funktionsweise der Foren vertraut machen.

7 Voraussetzungen

Es erfordert keinen großen finanziellen und technischen Aufwand, um die Voraussetzungen dafür zu schaffen, den eigenen PC mit anderen Computern verbinden zu können. Man braucht ein Modem, ein geeignetes Kommunikationsprogramm und einen Zugang zu Datennetzen und Hosts.

7.1 Das Modem

Das Modem ist ein Gerät, das die Zeichen des Computers in akustische Signale übersetzt und umgekehrt.

Ein Computer "versteht" im Grunde nur positive und negative Ladung, ausgedrückt in den Zeichen 0 und 1. Er verschlüsselt alle Buchstaben, Zahlen usw. in sog. "binäre" Codes, d.h. jedem Buchstaben und jeder Zahl wird eine 8-Zeichen lange Kette aus Nullen und Einsen zugeordnet. Jedes einzelne dieser Zeichen nennt man ein Bit und jedem Buchstaben entspricht eine spezifische Anordnung von 8 Bits, sie bilden ein Byte.

Sollen nun Zeichen übertragen werden, dann übersetzt (moduliert) das Modem die Nullen und Einsen in hohe bzw. tiefe Töne (analoge Signale), die dann über die Telefonleitung übertragen werden. Diese Töne werden vom Modem eines anderen Computers aufgenommen und in Nullen und Einsen zurückübersetzt (demoduliert).

Modems unterscheiden sich vor allem in der Geschwindigkeit, mit der sie Daten übertragen; die Geschwindigkeit wird in Baud oder in Bit pro Sekunde (Bps) angegeben.

Ein Modem mit einer Übertragungsgeschwindigkeit von 2400 Baud überträgt in der Regel 2400 Bps, bei 8 Bit pro Byte, werden also pro Sekunde 300 Bytes übertragen. Durch Datenkompression ist es aber durchaus möglich, daß ein 2400-Baud Modem erheblich mehr als 2400 Bit z.B. 9600 Bps überträgt.

Die Art wie die Daten übertragen werden, wie schnell, ob sie komprimiert übertragen werden, welche Kontrollmechanismen benutzt werden, um zu vermeiden, daß es zu Fehlern bei der Übertragung kommt, ist in Protokollen festgelegt. Diese Protokolle sind Ergebnisse von internationalen Standardisierungen. Ein Gremium, das bei der Entwicklung solcher Standardisierungen im Bereich der Tele- und Datenkommunikation in den letzten Jahren eine wichtige Rolle gespielt hat, ist das Comite Consulativ International Telegraphique et Telephonique (CCITT), eine Organisation der UNO. Diese Standardisierungen sind deshalb so wichtig, weil Kommunikation zwischen Partnern nur dann funktioniert, wenn sie sich derselben Sprache bedienen und vor allem die gleiche Geschwindigkeit benutzen. Wichtige Standardisierungen für Modems wurden in den CCITT-Empfehlungen festgehalten.

Beim Kauf eines Modems sollte man sehr genau darauf achten, welche der CCITT-Empfehlungen unterstützt werden. Wer z.B. ein 9600 Fax-Modem ersteht, kann leicht enttäuscht werden, wenn er feststellt, daß das Modem durch Datenkompression zwar in der Lage ist, Faxe mit dieser hohen Geschwindigkeit zu versenden, ansonsten aber lediglich 2400 bps erreicht.

Tabelle 7-1: CCITT-Empfehlungen

CCITT-Empfehlung	**Bps**
CCITT V.21	bis 300
CCITT V.22	1200
CCITT V.23	1200/75
CCITT V.22bis	2400
CCITT V.32	9600
CCITT V.32 bis	14.400
CCITT V.42	Datenkompression und
CCITT V.42bis	Fehlerprotokolle.
Verbreitet sind außerdem von der Firma Microm die Fehlerkorrekturprotokolle MNP 2-4 (Microm Networking Protocol) und das Datenkompressionsprotokoll MNP 5.	

Neben den CCITT-Empfehlungen sollte man außerdem darauf achten, daß das Modem Hayes-kompatibel ist. Der Modemhersteller

Hayes hat eine Programmiersprache für Modems entwickelt, die sich als Standard durchgesetzt hat; die meisten Programme benutzen die Befehle dieser Sprache, um das Modem zu steuern.

Man unterscheidet interne und externe Modems, je nachdem ob sie als Steckkarte in den PC eingesteckt werden und sich innerhalb des Gehäuses befinden, oder ob sie von außen mit einem Kabel über die serielle Schnittstellen verbunden werden.

Angesichts des Preisverfalls für Modems, die heute Hochgeschwindigkeitsmodems von 14.400 bps erschwinglich gemacht haben, sollte man kein Modem kaufen, das weniger als 2400 bps überträgt, und der gute alte Akustikkoppler gehört heute wohl eher in ein Museum mit der Abteilung "Aus den Anfängen der Datenkommunikation".

7.2 Kommunikationsprogramme

Die Hardware allein reicht, wie bei den meisten Computeranwendungen, nicht aus. Um mit anderen Computern zu kommunizieren braucht man neben einem Modem auch die entsprechende Software.

Programme, die diese Funktion übernehmen, heißen Kommunikations- ,Terminal- oder auch DFÜ-Programme (DFÜ: Datenfernübertragung).

Bei einigen Anwenderpaketen wie z.B. MS Works und WordPerfect Works sind Kommunikationsprogramme enthalten; will man Datex-J nutzen, so braucht man außerdem einen speziellen Datex-J/BTX-Dekoder.

Bevor zwei Computer Daten austauschen können, müssen Vereinbarungen über den Ablauf der Kommunikation getroffen werden, dazu gehört u.a. welcher der beiden Rechner wann und wie lange sendet, wie der Empfang von Daten bestätigt wird und was bei Übertragungsfehlern passieren soll. Diese Probleme werden mit Hilfe von Kommunikationsprotokollen gelöst.

Für den Ablauf einer Übertragung wurden Regeln aufgestellt, um eine fehlerhafte Datenübermittlung zu vermeiden. Nur wenn die verbundenen Rechner beide das gleiche Übertragungsprotokoll benutzen, können Daten übertragen werden.

Die oben erwähnten CCITT-Empfehlungen beziehen sich vor allem auf die Hardware und behandeln vor allem die Geschwindigkeiten von Modems. Daneben gibt es Protokolle, die von Übertragungsprogrammen benutzt werden. Diese Übertragungsprotokolle legen fest, wie die Übertragung von Daten erfolgen soll. Das realiv verbreitete X-Modem-Protokoll z.B. überträgt die Daten in 128 Byte langen Blöcken; bestimmte Signale zeigen den Beginn und das Ende der Datenübertragung an.

Tauchen zuviele Fehler bei der Übertragung auf, wird die Übertragung abgebrochen. Die meisten Kommunikationsprogramme unterstützen nicht nur eins sondern eine ganze Anzahl verschiedener Übertragungsprotokolle.

Die Übertragung von Dateien ist aber nur ein Bereich der Datenkommunikation. Im Falle der Online-Recherche geht es nicht so sehr um die Übertragung von Dateien, sondern um die Verbindung des eigenen PC mit einem Großrechner. Damit der eigene PC mit einem Großrechner kommunizieren kann, muß er sich in eines seiner Terminals verwandeln. Der Großrechner "kennt" nur eine bestimmte Anzahl von Peripheriegeräten, dazu gehören die Terminals von denen er Befehle entgegennimmt und an die er Daten ausgibt. Weil er einen PC nicht kennt, muß man diesen in einen Terminal verwandeln, diese Verwandlung geschieht mit Hilfe einer Terminal-Emulation.

Die meisten Programme besitzen verschiedene Terminal-Emulationen; welche man braucht, hängt vom angewählten Rechner ab. Eine der verbreitetsten Emulationen ist die VT-100 Emulation. Damit wird ein Terminal emuliert, der von Digital Equipment Corporation (DEC) millionenfach produziert worden ist.

Im Falle einer Online-Recherche findet die Ausgabe der aufgefundenen Informationen am Bildschirm statt und weil die Recherche in der Regel Geld kostet und Zeit kostbar ist, wäre es ein teurer Spaß, wenn man alle Informationen, die auf dem Bildschirm erscheinen, sofort lesen und verstehen müßte. Wichtig ist, daß ein Kommunikationsprogramm in der Lage ist, die empfangenen Daten mitzuprotokollieren und in einer Datei abzuspeichern. Denn nur dann kann man sich nach Beendigung der Verbindung in aller Ruhe die Ergebnisse ansehen und sie weiterverarbeiten.

7.3 Sonstige Voraussetzungen

Es bedarf nicht nur eines Modems und eines DFÜ-Programms. In den seltensten Fällen können Datennetze, Online-Dienste und Datenbanken kostenlos genutzt werden. Bevor ein Host einem Einlaß gewährt, wird man nach einer Benutzerkennung, (hierfür wird auch die Bezeichnung User ID oder Logon benutzt) und einem Paßwort gefragt. Ohne die kommt man fast nie weiter.

Für die Nutzung des Datex-P-Netzes über den Dienst Datex-P20F braucht man eine Benutzerkennung, eine NUI, die man bei seinem Fernmeldeamt erhält. Für die Nutzung von Datex-J ist ebenfalls eine Anmeldung erforderlich; einige Anwendungen können auch im Gastzugang ausprobiert werden.

Die Beantragung einer Anschlußkennung erfolgt online (Gastzugang) oder ebenfalls beim Fernmeldeamt. Wer WIN und/oder das Internet nutzen will, muß sich mit dem Rechenzentrum seiner Hochschule oder dem EDV-Beauftragen seines Fachbereichs in Verbindung setzen und dort eine Nutzerkennung beantragen.

Mit dem Datenbankanbieter ist in der Regel der Abschluß eines Vertrages erforderlich; ohne eine solche Nutzungsvereinbarung erhält man in den meisten Fällen keinen Zugang zu den Datenbanken. Manchmal kann man sich online registrieren lassen, meistens geschieht das jedoch schriftlich; nach Abschluß des Vertrages erhält man Benutzerkennung und Paßwort.

Tabelle 7-2: Voraussetzungen für die Online-Recherche

- Telefonanschluß
- Modem
- Kommunikationsprogramm (evtl. Datex-J/BTX-Dekoder)
- Datennetzzugang (NUI für Datex-P; Anschlußkennung für Datex-J; WIN-Zugang; Internet-Zugang)
- Host-Vertrag

7.4. Kosten

Bevor man ein Modem kauft, sollte man sich in den entsprechenden Computerzeitschriften gründlich über die aktuellen Angebote informieren. Der Markt für Modems verändert sich laufend. War vor wenigen Jahren ein 2400-Baud-Modem schon der Sportwagen unter den Modems, für den man zwischen 500 DM und 1000 DM bezahlen mußte, so bekommt man heute für dieses Geld sechsmal so schnelle 14.400-Baud-Modems.

Im Shareware- und Public Domain Bereich werden sehr leistungsfähige und preiswerte DFÜ-Programme angeboten, manchmal sind sie beim Kauf eines Modems enthalten, z.T. kann man sie aus Mailboxen herunterladen.

Die Host-Anmeldung ist häufig kostenlos, wenn eine Anmeldegebühr erhoben wird sind darin meist einige Stunden Einarbeitungszeit, Handbücher und manchmal auch ein Kommunikationsprogramm enthalten.

Bevor man sich für einen Host entscheidet, sollte man sich gründlich über die angebotenen Datenbanken und die Kostenstruktur informieren und sie mit anderen Anbietern vergleichen. Dabei sollte man auch die Übertragungsgebühren, die entstehen können, berücksichtigen.

8 Das Kommunikationsprogramm Procomm 2.4.3

Eine Voraussetzung für die Online-Recherche ist ein funktionsfähiges Kommunikationsprogramm. Es gibt eine ganze Reihe von Programmen unterschiedlicher Qualität und Preisklasse.

Die Entscheidung an dieser Stelle das Programm Procomm vorzustellen hat mehrere Gründe. Es liegt in der vorliegenden Version als Shareware-Produkt vor, d.h. man kann das Programm zunächst ausprobieren und wenn es einem zusagt gegen eine Registrierungsgebühr von z.Zt. $50 nutzen. Es ist bei Kopierdiensten und in verschiedenen Mailboxen leicht zu bekommen und die Handhabung von Procomm ist relativ einfach. Außerdem arbeiten eine Reihe von Kommunikationsprogrammen ähnlich und werfen bei der Installation ähnliche Fragen auf, wie die hier behandelten.

Anhand von Procomm sollen Installation und Einrichtung eines Kommunikationsprogramms demonstriert werden. Neben der englischen Sharewareversion gibt es außerdem noch die erweitereten Programme Procomm Plus und Procomm Plus für Windows, die beide auch in deutscher Sprache erhältlich sind.

8.1 Procomm starten

Vorausgesetzt wird, daß das Programm in dem Verzeichnis "Procomm" auf der Festplatte installiert ist. Nach dem Wechsel in das Verzeichnis (cd procomm) erscheint

```
C:\Procomm
```

Mit Eingabe des Berfehls "procomm" wird das Programm gestartet und es erscheint eine Informationsseite über das Programm.

Bild 8.1: Startbildschirm von Procomm

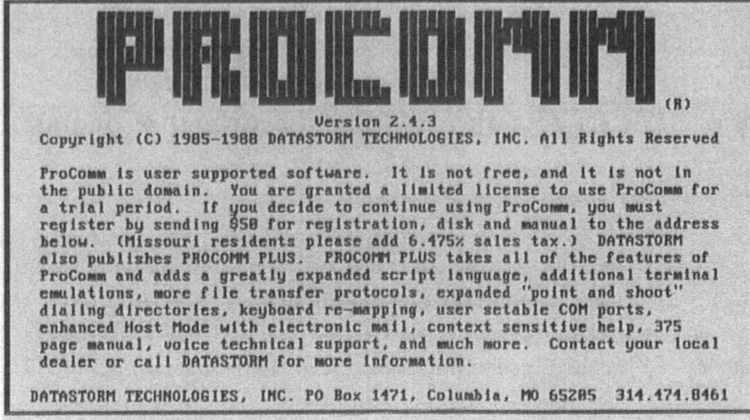

```
PROCOMM (R)
Version 2.4.3
Copyright (C) 1985-1988 DATASTORM TECHNOLOGIES, INC. All Rights Reserved

ProComm is user supported software.  It is not free, and it is not in
the public domain.  You are granted a limited license to use ProComm for
a trial period.  If you decide to continue using ProComm, you must
register by sending $50 for registration, disk and manual to the address
below.  (Missouri residents please add 6.475% sales tax.)  DATASTORM
also publishes PROCOMM PLUS.  PROCOMM PLUS takes all of the features of
ProComm and adds a greatly expanded script language, additional terminal
emulations, more file transfer protocols, expanded "point and shoot"
dialing directories, keyboard re-mapping, user setable COM ports,
enhanced Host Mode with electronic mail, context sensitive help, 375
page manual, voice technical support, and much more.  Contact your local
dealer or call DATASTORM for more information.

DATASTORM TECHNOLOGIES, INC. PO Box 1471, Columbia, MO 65205  314.474.8461
```

Nach Betätigen einer Taste verschwindet die Seite und der Bildschirm ist, bis auf eine Informationsleiste am unteren Bildschirmrand, leer. Das Programm wird durch das Drücken von Tastenkombinationen gesteuert, der Hilfsbildschirm ("ProComm Help"), den man mit der Tastenkombination [Alt]-[F10] erhält, zeigt alle Funktionen, die das Programm bietet.

Bild 8.2: Hilfsbildschirm von Procomm mit allen möglichen Tastenkombinationen

```
                              P r o C o m m   H e l p

      MAJOR FUNCTIONS              UTILITY FUNCTIONS           FILE FUNCTIONS

Dialing Directory . Alt-D   Program Info ...... Alt-I   Send files ...... PgUp
Automatic Redial... Alt-R   Setup Screen ...... Alt-S   Receive files ... PgDn
Keyboard Macros ... Alt-M   Kermit Server Cmd . Alt-K   Directory ...... Alt-F
Line Settings ..... Alt-P   Change Directory .. Alt-B   View a File .... Alt-V
Translate Table ... Alt-W   Clear Screen ...... Alt-C   Screen Dump .... Alt-G
Editor ............ Alt-A   Toggle Duplex ..... Alt-E   Log Toggle .... Alt-F1
Exit .............. Alt-X   Hang Up Phone ..... Alt-H   Log Hold ...... Alt-F2
Host Mode ......... Alt-Q   Elapsed Time ...... Alt-T
Chat Mode ......... Alt-O   Print On/Off ...... Alt-L
DOS Gateway ...... Alt-F4   Set Colors ........ Alt-Z
Command Files .... Alt-F5   Auto Answer ....... Alt-Y
Redisplay ........ Alt-F6   Toggle CR-CR/LF .. Alt-F3
                            Break Key ........ Alt-F7

                          DATASTORM TECHNOLOGIES, INC.
```

Durch Drücken der [ ]- oder [Esc]-Taste verschwindet der Hilfs-Bildschirm. Wie bei den meisten Programmen ist es auch hier so, daß man nicht einfach starten und anfangen kann. Bevor man mit Procomm an die Arbeit gehen kann, muß das Programm auf die Hardware, vor allem das Modem, eingestellt werden.

Die Datei "Procomm.Doc", die mitgeliefert wird, gibt eine ausführliche Beschreibung des gesamten Programms. Hier soll nur auf die Punkte eingegangen werden, die eingestellt werden müssen, damit überhaupt eine Verbindung hergestellt werden kann.

8.2 Einstellung der seriellen Schnittstelle

Mit der Funktion "Line Settings" (Alt-P) wird die serielle Schnittstelle, über die die Datenkommunikation laufen soll, eingestellt.

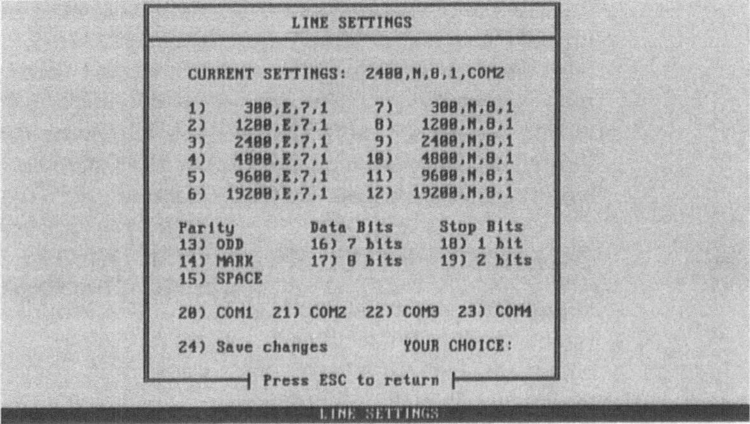

Bild 8.3: Einstellen der seriellen Schnittstelle

Auf dem Bildschirm erscheint oben die Mitteilung über die aktuelle Einstellung ("CURRENT SETTINGS:") dahinter erscheint eine Folge von Zahlen und Buchstaben, die durch Komma getrennt sind. Die erste Zahl ("2400") zeigt die eingestellte Baud-Rate an, es ist die Geschwindigkeit, mit der die Datenkommunkation stattfinden soll.

Die Einstellung der Geschwindigkeit ist zum einen vom eigenen Modem und zum anderen von der Geschwindigkeit der angewählten Datenquelle abhängig. Ist die angewählte Datenquelle nur in der Lage bei 1200 Baud zu kommunizieren, muß die Geschwindigkeit entsprechend angepaßt werden.

Neben der Geschwindigkeit ist außerdem festzulegen, wie die Daten ausgetauscht werden. Es gibt 2 verbreitete Möglichkeiten, die entweder als "E,7,1" (vgl. Nr.1 bis Nr.6) oder als "N,8,1" (vgl. Nr.7 bis Nr.12) angegeben werden.

Die Zeichen des einfachen ASCII-Zeichensatzes werden mit 7 Bit dargestellt, das 8. Bit bleibt frei, d.h. mit 7 Bit läßt sich der einfache und mit 8 Bit der erweiterte ASCII-Zeichensatz darstellen.

Bei der Datenübertragung mit 7 Bit wird das leere 8.Bit einfach weggelassen; zuerst wird ein Startbit, die 7 Bit des Zeichens und ein Stoppbit übertragen. Außerdem wird die Parität (E: Even), d.h. die Vollständigkeit der Übertragung überprüft.

Um die im Deutschen gebräuchlichen Buchstaben wie z.B. ä,ö,ß darstellen zu können, braucht man den erweiterten ASCII-Zeichensatz. Im dargestellten Fall sind für die Übertragung 8 Bit, 1 Stoppbit und N (None), also keine Parität, festgelegt. Mit dem Kürzel "COM" wird eine serielle Schnittstelle bezeichnet, mit "COM2" ist die 2. serielle Schnittstelle gemeint, sie ist in diesem Falle die Schnittstelle, an die das Modem angeschlossen ist. Zur Änderung der aktuellen Einstellung gibt man unter "YOUR CHOICE:" die vorgestellten Ziffern ein. Abgespeichert wird das Ganze dann mit "24" ("Save Changes").

8.3 Der Einstellungs-Bildschirm

Mit der Tastenkombination [Alt]-[S] wird der Setup-Bildschirm aufgerufen, der ein Menü anbietet, mit dem Parameter für das Modem eingestellt, eine Terminalemulation ausgewählt und Modifikationen in einigen Übertragungsprotokollen vorgenommen werden können. Die einzelnen Menüpunkte werden auch hier durch Eingabe der vorangestellten Zahlen ausgewählt.

Bild 8.4: Menüpunkte des Einstellungs-Bildschirms

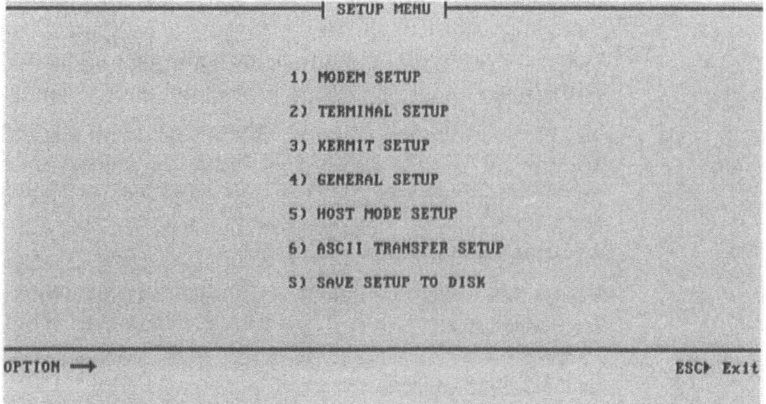

8.3.1 Die Modem Einstellung

Nach Eingabe der Ziffer "1" erscheint der "Modem Setup"-Bildschirm.

Bild 8.5: Der Modem-Setup-Bildschirm

```
                         MODEM SETUP

   1) Modem init string .... ATE1 S7=60 S11=55 V1 X1 S0=0!
   2) Dialing command ...... ATDT
   3) Dialing cmd suffix ... !

   4) Connect string ....... CONNECT
   5) No Connect string 1 .. BUSY
   6) No Connect string 2 .. VOICE
   7) No Connect string 3 .. NO CARRIER
   8) No Connect string 4 ..

   9) Hangup string ........ ~~~+++~~~ATH0!

  10) Redial timeout delay . 45
  11) Redial pause delay ... 2

OPTION -->                                            ESC> Exit
```

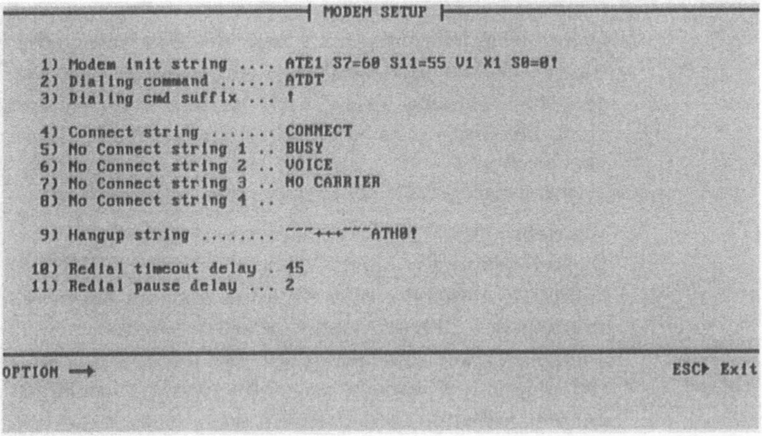

Die meisten Modems sind Hayes-kompatibel und werden mit dem Hayes-Befehlssatz gesteuert, aber es gibt auch andere Modems. Mit welchem Befehlssatz das eigene Modem gesteuert wird, steht im Handbuch des Herstellers. Wenn man keine Unterlagen hat, sollte man den Händler aufsuchen, bei dem man das Modem gekauft hat.

In Punkt 1 wird der Modem Initalisierungsbefehl festgelegt. Dieser Befehl wird an das Modem geschickt, wenn es beginnen soll zu arbeiten. "AT" steht für "Attention" (Achtung), damit wird im Hayes-Befehslsatz eine Befehlssequenz eingeleitet. Mit "E1" wird das Echo eingeschaltet und mit "S7=60" wird die maximale Wartezeit bei der Herstellung einer Verbindung, nachdem am anderen Ende der Hörer abgenommen wurde, auf 60 Sekunden festgesetzt. Mit "S11=55" wird die Geschwindigkeit für das Tonwählverfahren auf 55 Millisekunden eingestellt, "V1" legt fest, daß die Antworten in Worten und nicht in Zahlencodes erfolgen soll; mit "X1" wird der Antwortcode aktiviert; mit "S0=0" wird die Zahl der Klingelzeichen bis zum Abheben auf "0" gesetzt. Das Ausrufezeichen ("!") schließlich veranlaßt Procomm ein RETURN-Zeichen an das Modem zu senden.

Das Wählkommando ("Dialing command") unter Punkt 2 legt die Art des Wählverfahrens fest, "D" (Dial) ist der Wahlbefehl, zur Auswahl stehen Puls- oder Tonwahl, mit "T" (Tone) wird per Tonwahl gewählt. Befehlszeile 3 veranlaßt Procomm ein Return-Zeichen nach dem Wahlkommando zu senden, Punkt 4 legt fest welche Buchstabenfolge ("string") auf dem Bildschirm erscheinen soll, wenn die Verbindung hergestellt ist, und mit den Punkten 5 bis 8 welche Worte auf dem Bildschirm erscheinen sollen, wenn die Verbindung nicht zustandekommt. Mit 9 wird die Befehlssequenz festgelegt, die an das Modem gesendet wird, wenn die Verbindung beendet werden soll ("Hangup string"); die Kreuze "+++" veranlassen das Modem, die Ausführung, der vorher übersandten Befehle abzubrechen, die Zeichen "~~~" verzögern die Übermittlung um 1,5 Sekunden und der Befehl "H0" führt dazu, daß aufgelegt wird.

Mit dem Punkt 10 ("Redial timeout delay") wird festgelegt nach wieviel Sekunden erneut versucht werden soll, den anderen Anschluß zu erreichen, und Punkt 11 legt die Dauer der Pause in Sekunden fest, bevor erneut gewählt werden soll. Die einzelnen Punkte können durch Eingabe der jeweiligen Zahl verändert und den eigenen Wünschen angepaßt werden. Nachdem die Veränderungen vorgenommen worden sind, müssen sie mit "S" aus dem "Setup"-Hauptmenü abgespeichert werden.

8.3.2 Terminalemulationen

Procomm bietet eine Reihe von Terminalemulationen an, welche von ihnen man benutzt, hängt von dem angewählten Rechner ab.

Verbreitet sind die Terminalemulationen ANSI, vor allem bei der Kommunikation mit Mailboxen, und VT-100. Durch Auswahl von Punkt "1" und Drücken der [ ]-Taste erscheinen nacheinander die verfügbaren Terminalemulationen.

Bild 8.6: Verfügbare Terminalemulationen

```
---------------------------| TERMINAL SETUP |---------------------------
  1) Terminal emulation ... VT-100        10) Break Length (ms) .... 350
  2) Duplex ............... FULL          11) Enquiry (CTRL-E) ..... OFF
  3) Flow control ......... NONE
  4) CR translation (in) .. CR
  5) CR translation (out) . CR
  6) BS translation ....... NON-DEST
  7) BS key definition .... BS
  8) Line wrap ............ ON
  9) Scroll ............... ON
------------------------------------------------------------------------
OPTION -->                                                     ESC> Exit
```

Der 2. Punkt gibt die Möglichkeit für die Datenkommunikation den Status duplex (full) oder halbduplex (half) festzulegen.

Man bezeichnet einen Datenübertragungskanal mit "duplex", wenn beide Datenendgeräte gleichzeitig Daten senden und empfangen können.

Mit "halbduplex" wird die Datenübertragung dann bezeichnet, wenn eine Datenendeinrichtung als Sender und die andere als Empfänger verwendet wird. Im Halbduplex-Betrieb können nicht beide Endeinrichtungen Sende- und Empfangsfunktionen übernehmen; aber beide Geräte verfügen in der Regel über Umschalter, mit denen je nach Bedarf umgeschaltet werden kann.

Die Entscheidung, welche Betriebsart man wählen muß, hängt von der Dateneinrichtung ab, die man anwählt.

Mit dem 3. Punkt ("Flow Control") kann eine spezielle Kontrolle der Datenkommunikation eingeschaltet werden, hier ("none") ist keine gewählt. Die Punkte 4 und 5 ("CR translation in/out") regeln die Übersetzung des Zeichens, das mit der [↵]-Taste ("Carriage Return") erzeugt wird. Normalerweise wird damit eine neue Zeile begonnen. Manche Systeme schicken ein RETURN-Zeichen und erzeugen anschließend eine leere Zeile mit LF (Line feed).

Im Punkt 7 wird festgelegt wie die [⇦]-Taste (Backspace) funktionieren soll, ob sie die Zeichen löschen ("destructive") oder über sie hinübergehen soll wie ein Cursor ("NON-DEST").

In Punkt 8 ("Line wrap") kann eingestellt werden, wie übertragene Zeichen behandelt werden sollen, die die aktuelle Bildschirmbreite überschreiten, d.h. länger als 80 Zeichen sind. Steht "Line wrap" auf "Off" (aus) werden die Zeichen einfach abgeschnitten, bei "On" (an) werden die Zeichen in die nächste Zeile übernommen.

Punkt 9 legt fest was passiert wenn der Bildschirm voll ist und der Cursor am unteren Rand steht, in 10 wird die Dauer eines Abbruchsignals in Millisekunden und in 11 kann der Tastenkombination [Strg]-[E] ein spezielles Kontrollsignal zugeordnet werden, das bei Tastendruck an den anderen Rechner gesendet wird.

8.3.3 Allgemeine Einstellungen

Im Menüpunkt 4 "General Setup" können einige grundsätzliche Einstellungen vorgenommen werden.

Bild 8.7: Allgemeine Einstellungen

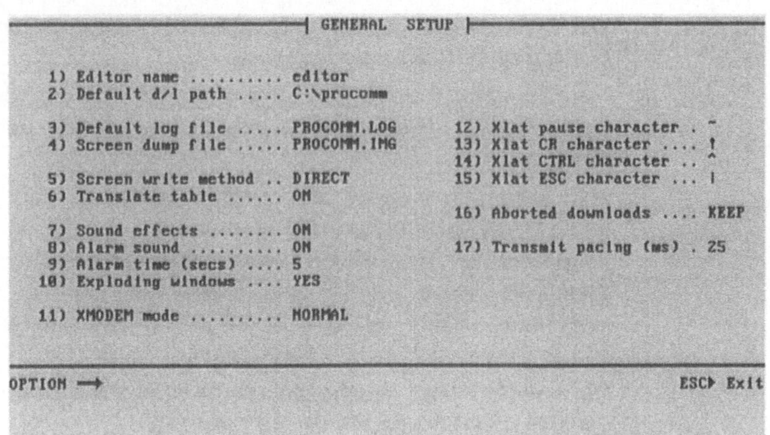

In Punkt 1 kann der Editor eingetragen werden, den man von Procomm aus nutzen will; er kann dann mit der Tastenkombination Alt-A aufgerufen werden, ohne daß das Programm verlassen werden muß.

In Punkt 2 wird das Verzeichnis festgelegt, in das die Dateien abgespeichert werden, die von einem anderen Rechner heruntergeladen werden.

In Punkt 3 wird die Datei festgelegt, in der das Protokoll einer Verbindung abgespeichert werden soll; das Abspeichern einer Sitzung erfolgt über Alt-F1 ("Log Toggle"), neue Daten werden an die Datei angehängt.

In Punkt 4 wird die Datei bezeichnet, in die Bildschirm-Kopien abgespeichert werden, die per "Screen Dump" (Alt-G) angefertigt werden.

In Punkt 6 kann die Übersetzungstabelle aktiviert werden, die man mit Alt-W ("Translation Table") aufrufen und bearbeiten kann. Die Übersetzungstabelle ermöglicht es, einkommende Zeichen anderen Zeichen zuzuordnen. Diese Übersetzung ist vor allem für die Darstellung von Zeichen wie ä.ö,ß und bestimmten graphischen Symbolen wichtig; wenn man z.B. anstelle von Buchstaben undefinierbare Zeichen erhält, dann kann man mit Hilfe der Übersetzungstabelle die Zeichen richtig zuordnen.

8.4 Das Telefonverzeichnis

Das Telefonverzeichnis ("Dialing Directory") wird mit Alt-D aufgerufen.

Bild 8.8: Das Telefonverzeichnis

```
                    D I A L I N G   D I R E C T O R Y

              Name                     Number     Baud P D S E   CMD File
  1- Datex-J                             01910    2400-N-8-1  N
  2- Datex-P (neu)                       19552    2400-N-7-1  N   DATEXP
  3- Datex-P (alt)                      441291    2400-N-7-1  N   DATEXP
  4- CompuServe (Hamburg)              6913666    2400-E-7-1  N   COMPUS
  5- ......................... ... ...-....       1200-N-8-1  N
  6- ......................... ... ...-....       1200-N-8-1  N
  7- ......................... ... ...-....       1200-N-8-1  N
  8- ......................... ... ...-....       1200-N-8-1  N
  9- ......................... ... ...-....       1200-N-8-1  N
 10- ......................... ... ...-....       1200-N-8-1  N

==>        R Revise             M Manual Dialing      Entry to Dial
           P LD Codes           D Delete Entry        F Find
           PgUp/PgDn Page       L Print Entries       ↑/↓ Scroll
           Home Top Page        End Bottom Page       ESC Exit

  Modem Dial Cmd: ATDT                       LD Codes Active:
 Dial Cmd Suffix: !                          Com Port Active: COM2
                              AUTO DIALER
```

Ein neuer Eintrag oder die Veränderung eines Eintrags wird mit Eingabe von "R" (Revise) begonnen. Anschließend wird auf die Frage, welchen Eintrag man ändern wolle, mit der Nummer geantwortet. Hier werden Name, Telefonnummer, die Übertragungsgeschwindigkeit und die Übertragungsparameter eingegeben.

Für die angewählte Verbindung sind die hier festgelegten Parameter maßgebend. Wenn bei der Wahl einer Rufnummer keine besondere Festlegung getroffen werden, werden die im Menü "Line Settings" gesetzten Parameter verwandt.

Man kann den jeweiligen Rufnummern außerdem Programme zuordnen, sie haben die Endung "CMD". Procomm bietet eine Programmiersprache, die es erlaubt Programme zu schreiben, die z.B. die Verbindungsaufnahme mit einem anderen Rechner, das Login und die Paßwort-Eingabe selbständig ausführen. Das unten dargestellte kurze Programm DATEXP.CMD führt die Verbindungaufnahme mit dem Datex-P-Knoten selbständig aus.

Mit der Eingabe der Eintragsnummer wird auch gleichzeitig das zugeordnete Programm gestartet; mit Eingabe von Nr. 2 wird der Datex-P-Knoten angewählt und gleichzeitig das Programm "DATEXP.CMD" gestartet.

Das Programm DATEXP.CMD

```
                  ;******************************
                  ;*    ;* DATEXP.CMD  *         *
                  ;*      Datex-P- Logon          *
                  ;*  Eine einfaches Programm    *
                  ;*   um die Logon-Prozedur      *
                  ;*     zu automatisieren        *
                  ;******************************
IF NOT LINKED   ;* Solange den Eintrag Nr. 2 aus dem
   DIAL "2"     ;* Telefonbuch wählen bis die Ver-
ENDIF           ;* bindung hergestellt ist*
TRANSMIT "."    ;* Es wird ein "." (Punkt) übermittelt
TRANSMIT "!"    ;* Es wird ein RETURN-Tastendruck
                ;* übermittelt
PAUSE 1                        ;* Es wird eine Pause von 1 Sek.
                               ;* gemacht
TRANSMIT "NUI xxzyy"           ;* der 1. Teil der NUI wird
TRANSMIT "!"                   ;*übermittelt und per RETURN bestätigt
WAITFOR "DATEX-P: Passwort"    ;*es wird auf die  Paßwort-
TRANSMIT "XXXXX"               ;*abfrage gewartet und das
TRANSMIT "!"                   ;*Paßwort übermittelt und bestätigt.
```

9 Online Recherchen anhand praktischer Beispiele

9.1. Recherchestrategien

Bevor man eine Recherche beginnt, muß man klären, in welcher Datenbank man überhaupt suchen will. Wo könnten sich die Informationen befinden, die man haben will. Möglicherweise gibt es mehrere Datenbanken, die man nacheinander befragen kann. So wie man eine Bibliothek aussucht, in der man die meisten Bücher zu einem Thema vermutet, so sucht man den Host aus, in dem die meisten der Datenbanken zur Verfügung stehen, die Informationen zum Thema enthalten.

Jeder Host hat seine eigene Retrieval-Sprache und sein eigenes Ordnungssystem. Man muß sich also mit der Retrieval-Sprache und/oder – falls vorhanden – mit der Menüführung vertraut machen.

Welche Hilfsmittel stehen zur Verfügung, um z.B. Probleme der Schreibweisen zu umgehen? Welche Möglichkeiten der Trankierung von Worten gibt es? Welche Suchbefehle beziehen welche Datenfelder mit ein? Welche Datenfelder gibt es, in welchen Feldern wird ohne Zusatzbefehle gesucht und in welchen Feldern wird mit welchen Befehlen gesucht?

Bevor man sich an die Recherche macht, muß man sich über die Schlüsselbegriffe, die zu einem Thema gehören, klar sein, denn es wird nach Worten und Begriffen gesucht. Wer mit nur einer vagen Vorstellung losgeht, um – so wie früher – einen Nachmittag in der Bibliothek zu verbringen, wird im Falle der Online-Recherche sein teures Wunder erleben.

Es muß geklärt sein, welche Begriffe und verwandten Wörter es gibt. Möglicherweise ist es ratsam, die Suche in einer Enzyklopädie zu beginnen. Der, bzw. die aufgefundenen Artikel führen nicht nur in das Thema selbst, sondern auch in die Begriffswelt ein. Anders als im Stichwortkatalog einer Bibliothek kann man in einer Datenbank nicht herumblättern, in der Hoffnung, das Richtige schon zu finden.

Ein weiteres Problem, mit dem man bei der Suche in Datenbanken konfrontiert wird, ist die Sprache. Die Sprache der Datenbanken ist fast immer Englisch. Man muß sich also auch damit beschäftigen, wie die Fachbegriffe im Englischen heißen und wie sie geschrieben werden. Man denke nur an Chemie und Chemistry, an Geisteswissenschaften und Humanities oder Naturwissenschaften und Sciences.

Man muß sich darüber im Klaren sein, daß Rechtschreibfehler oder falsch ausgewählte Begriffe zu schlechten oder gar keinen Suchergebnissen führen. Die Suchstrategie, die man entwickelt, hängt davon ab, ob man einen speziellen Aufsatz oder ein spezielles Buch sucht oder ob man ganz allgemein Einstiegsliteratur in ein Thema sucht. In beiden Fällen wird man unterschiedlich vorgehen.

Im ersten Falle wird man die Suche mit möglichst vielen Informationen so weit eingrenzen, wie es möglich ist; vielleicht hat man den Namen des Autoren, evtl. den Titel möglicherweise sogar die ISBN-Nummer. Je genauer in diesem Falle die Daten um so schneller und preiswerter erhält man die gesuchte Information.

Im zweiten Falle wird man die Grenzen weiter stecken und Fragestellungen nicht so sehr spezialisieren, daß man keine Antwort mehr bekommt. Im Verlauf der Recherche wird sich herausstellen, ob man die Grenzen enger oder weiter ziehen muß. Wenn die Suche zu viele Ergebnisse erzielt, wird man nach Kriterien suchen, um die Recherche einzuengen. Und wenn man zuwenig gefunden hat, wird man Kriterien suchen, um die Grenzen zu erweitern.

Es ist eine Frage der Übung und Erfahrung, aber jeder wird feststellen, daß er recht schnell ein Gespür dafür entwickelt. Am Anfang ist alles neu, und man muß an viele Dinge gleichzeitig denken. Die Retrievalsprache ist neu, die Suchumgebung fremd, man steht unter einem zeitlichen Druck und meistens ist niemand da, den man mal eben fragen kann.

Wichtig ist, daß man sich vor Beginn der Recherche alle Schritte aufschreibt, die man gehen will und sich diese Notizen neben den Computer legt. Dazu gehört u.a. in welcher Datei man beginnen, mit welchen Befehlen man nach welchen Begriffen suchen will etc.

Weil man nicht alles, was auf dem Bildschirm ausgegeben wird, sofort lesen und begreifen kann, ist es sehr wichtig, alles in einer

Protokolldatei abzuspeichern. Wenn man weiß, daß alle Teile der Recherche aufgezeichnet werden, kann man außerdem wesentlich ruhiger an die Recherche herangehen; anschließend, nachdem die Online-Verbindung zum fremden Rechner beendet ist, kann man in aller Ruhe die Ergebnisse ansehen, auswerten, das eigene Vorgehen überprüfen und aus den Fehlern lernen. Wenn sich während der Recherche herausstellt, daß die vorbereitete Strategie zu keinem oder keinem befriedigenden Ergebnis führt, sei es daß die ausgewählten Suchbegriffe zu keiner oder zu zuviel Literatur geführt haben, sollte man die Online-Verbindung sofort abbrechen und in aller Ruhe eine neue Strategie überlegen. Langes Nachdenken und Ausprobieren während der Rechnerverbindung, führt in der Regel nicht zu besseren Ergebnissen, sondern nur zu höheren Kosten.

9.2 Grolier's Academic American Encyclopedia

Die aktuelle Ausgabe von Grolier's Academic American Encyclopedia ist Bestandteil von CompuServe's Basis Dienst. Die Suche nach Informationen könnte also durchaus hier ihren Anfang nehmen. Das hier dargestellte Retrieval wird mit dem CompuServe Information Manager (CIM) für DOS durchgeführt.

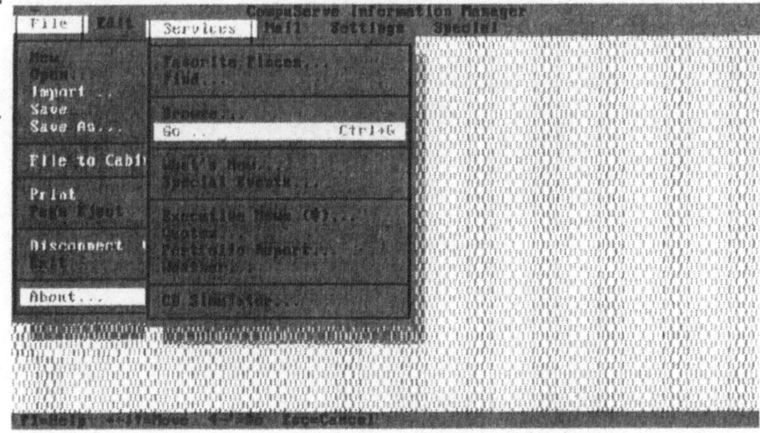

Bild 9.1: Das Menü „Services" im CIM

Genauso könnte auch ein Terminalprogramm wie Procomm benutzt werden. Zunächst wird der örtliche Einwählknoten angewählt und die Verbindung zu CompuServe hergestellt. Die Verbindungsaufnahme, das Einloggen, die Eingabe des Paßwortes wird vom CIM selbständig durchgeführt. Am Bildschirm wird jeweils angezeigt, was gerade geschieht.

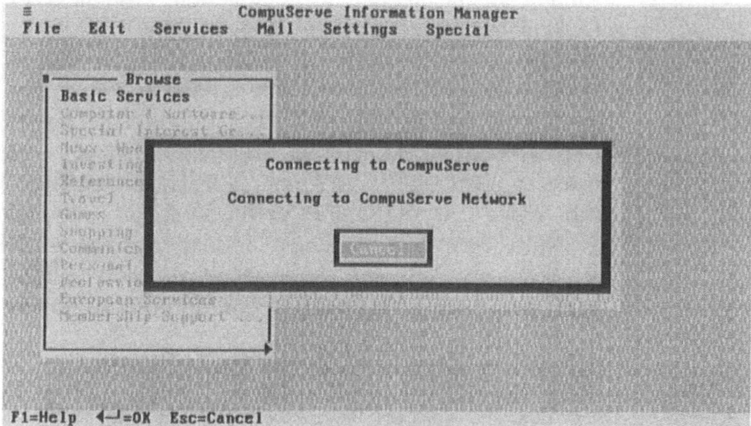

Bild 9.2: Verbindungsaufnahme mit CompuServe

Nachdem die Verbindung hergestellt ist, sind wir mit dem Menü des Basis Dienstes ("Basisc Services") verbunden; oben rechts erscheint die Meldung "connected", d.h. die Verbindung zu CompuServe ist hergestellt und daneben läuft eine Uhr, die die Dauer der Verbindung anzeigt.

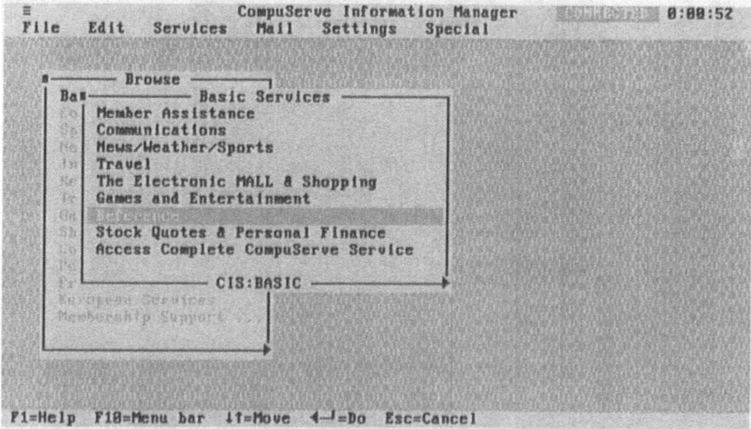

Bild 9.3: Dauer der Verbindung per Uhranzeige

Durch Auswahl des Feldes "Reference" wird der Teil der Nachschlagewerke angezeigt, der Bestandteil der Basis-Dienste ist.

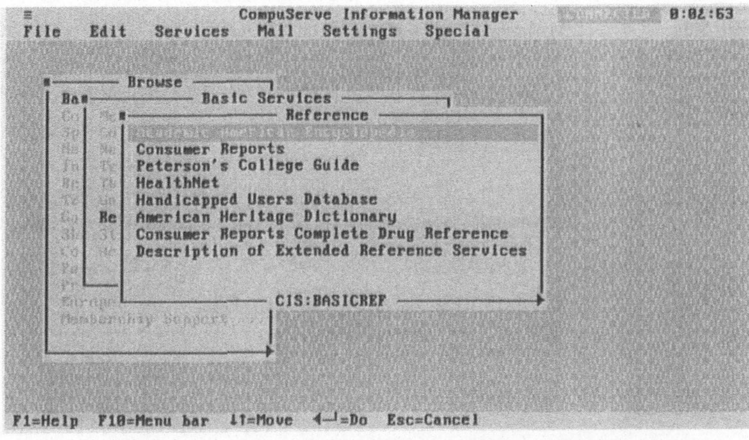

Bild 9.4: Nachschlagewerke, die Bestandteile des Basisdienstes sind

Nach Auswahl der "Academic American Encyclopedia" erscheint das Eingangsmenü zur Online-Ausgabe von Grolier's Enzyklopädie.

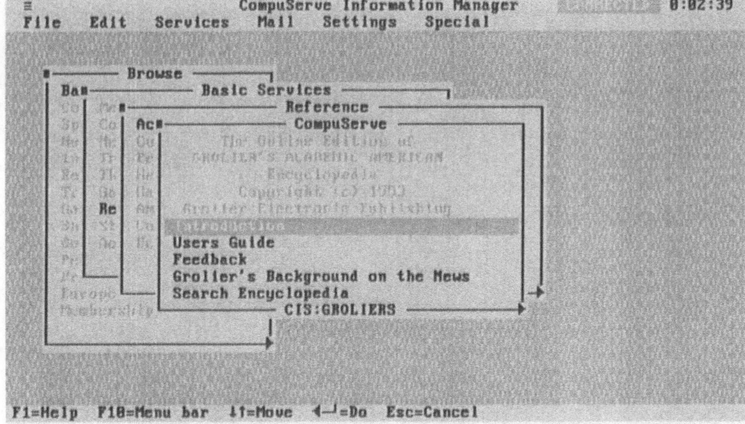

Bild 9.5: Eingangsmenü zur Online-Ausgabe

Durch Auswahl der Punkte "Introduction" und "Users Guide" erhält man die Bedienungsanleitung. Durch Auswahl des Feldes "Search Encyclopedia" wird die Suche im Lexikon begonnen. Es erscheint ein Feld, in das der Suchbegriff ("Search term") eingegeben wird. In diesem Fall wollen wir nach dem französischen Philosophen Michel Foucault suchen, als Retrievalbegriff wird der Nachnahme eingegeben; Groß- oder Kleinschreibung machen hier keinen Unterschied.

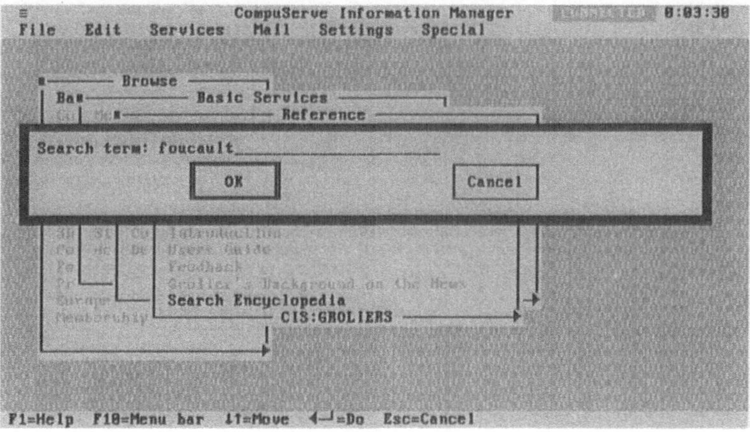

Bild 9.6: Dialogfeld zur Eingabe des Suchbegriffes

Die Suche ergibt 3 Artikel zum Stichwort Foucault ("Articles selected: 3 that begin with ["foucualt"]").

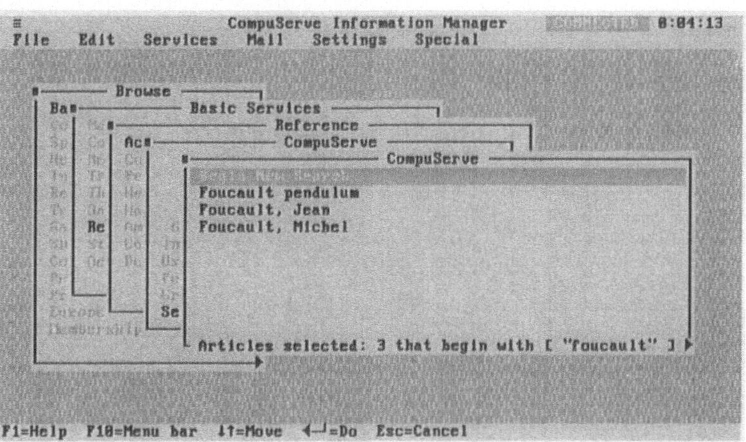

Bild 9.7: Ergebnis der Suche

Wir wählen den Artikel über Michel Foucault aus und lassen ihn anzeigen.

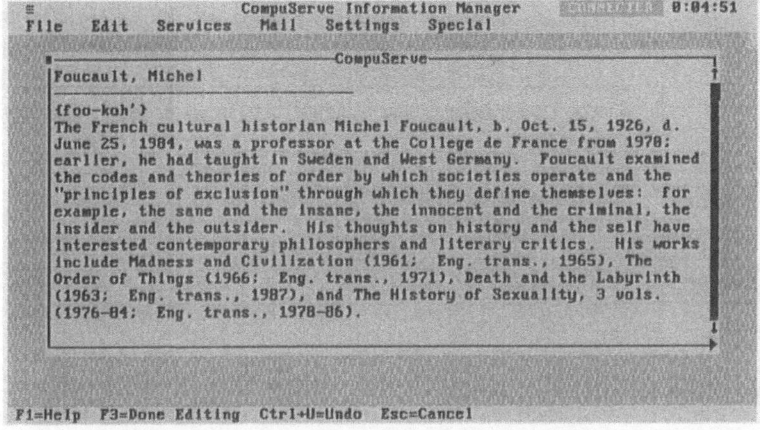
CompuServe Information Manager 0:04:51
File Edit Services Mail Settings Special
CompuServe
Foucault, Michel

{foo-koh'}
The French cultural historian Michel Foucault, b. Oct. 15, 1926, d. June 25, 1984, was a professor at the College de France from 1970; earlier, he had taught in Sweden and West Germany. Foucault examined the codes and theories of order by which societies operate and the "principles of exclusion" through which they define themselves: for example, the sane and the insane, the innocent and the criminal, the insider and the outsider. His thoughts on history and the self have interested contemporary philosophers and literary critics. His works include Madness and Civilization (1961; Eng. trans., 1965), The Order of Things (1966; Eng. trans., 1971), Death and the Labyrinth (1963; Eng. trans., 1987), and The History of Sexuality, 3 vols. (1976-84; Eng. trans., 1978-86).

F1=Help F3=Done Editing Ctrl+U=Undo Esc=Cancel

Bild 9.8: Anzeige des Artikels zum Suchbegriff „Foucault"

Durch Anklicken des Menüpunkts “File” und “Save As...” des CIM speichern wir den gesamten Artikel, nicht nur den Inhalt des angezeigten Fensters, in einer eigenen Datei ab. Durch Betätigen der Tasten Strg+D oder Anklicken des Feldes “Disconnected” aus dem Menüfeld “File” wird die Verbindung mit CompuServe beendet.

9.3 IM GUIDE

Eine Datenbank, die Informationen über Hosts, Datenbanken und Informationsvermittler enthält, ist “IM GUIDE”, Kurzform “IM92”, vom Host ECHO in Luxemburg. Man kann “IM GUIDE” ohne Anmeldung benutzen. Mit dem Paßwort “ECHO” erhält man kostenlosen Zugang zur Datei. Die folgenden Datennetze führen zu ECHO:

- Datex- J: *33255#
- Datex-P: 0270 448112
- EUROPAnet (früher:IXI): 2043 70310099
- Internet: echo.lu (158.64.1.36)

9.3.1 Verbindungsaufnahme per Internet

Die Verbindung zu ECHO wird über das Internet hergestellt. Wie der jeweilige Zugang zum Internet von den lokalen Netzwerken der jeweiligen Hochschulen aus vor sich geht, ist nicht einheitlich geregelt; eine genaue Beschreibung erhält man bei seiner Hochschule.

Nachdem wir uns in das örtliche Rechnersystem eingeloggt haben, wählen wir den Host ECHO durch Eingabe von “telnet echo.lu” an.

Anstatt "echo.lu" kann man auch die IP-Adresse "158.64.1.36" eingeben. ECHO meldet sich ("This is ECHO") und wir werden zur Eingabe des Zugangscodes ("Please enter your code") aufgefordert. Als Code geben wir "ECHO" ein und es erscheint das Begrüßungsmenü.

Bild 9.9: Verbindung zu ECHO über Internet

```
telnet echo.lu

% THIS IS ECHO: PLEASE ENTER YOUR CODE
%

              ECHO  -  European Commission Host Organisation

            Enter          1  in order to work in English
            Tapez          2  pour travailler en francais
            Geben Sie      3  ein um auf Deutsch zu arbeiten
            Digitate       4  per lavorare in italiano
            Teclee         5  para trabajar en espanol
            Toets          6  om in het Nederlands te werken
            Tast           7  for at arbejde paa dansk
            Dactilografe   8  ter portugues

Please enter your choice :

3
```

Hier kann festgelegt werden, in welcher Sprache wir arbeiten wollen; Fehlermeldungen, Hilfstexte etc. werden dann in der gewählten Sprache angezeigt; die Informationen in den Datensätzen selbst sind in der Regel in Englisch. Mit der Eingabe "3" wählen wir die deutsche Benutzerführung. Es erscheint das ECHO Hauptmenü, das neben Informationen über die vorhandenen Datenbanken unter dem Punkt 2 auch eine menügestützte Benutzerführung anbietet.

Wir gehen mit "90" zum nächsten Bildschirm und wählen dort den Punkt 4 ("CCL Modus"), um die Recherche im Kommando-Modus durchzuführen.

Bild 9.10: Recherche im Kommando-Modus

```
                         ECHO  -  Hauptmenue
  1+: Allgemeine Informationen
  2 : Datenbanken zur Benutzerfuehrung (inkl. I'M GUIDE)
  3 : Datenbanken im Bereich der Forschung und Entwicklung
  4 : Informationsdienst der Gemeinschaft fuer F & E (CORDIS)
  5 : Datenbanken und Dienste fuer die Sprachindustrie
  6 : Datenbanken und Dienste fuer die Wirtschaft und den Handel
  7 : Innovationsprojekte
  8 : Elektronische Mailbox
                        88  Hilfe    98  weitere Befehle
Ihre Wahl bitte :
98
                             weitere Befehle

                    1+vorhergehender Bildschirm
                    2 Hauptmenue
                    3 zum Wechsel der Dialogsprache
                    4 CCL Modus
                    5 Ende
Ihre Wahl bitte :
4

Geben Sie ein CCL Kommando ein oder "STOP" um den
Ruckkehr zum Menu mit "CALL ECHO"
```

CCL ist die Abkürzung für Common Command Language, der hier benutzen Retrievalsprache, die auch mit dem Namen “GRIPS” bezeichnet wird und relativ verbreitet ist.

Tabelle 9-1: Einige Befehle der Retrievalsprache CCL/GRIPS

Retrievalbefehl	**Beschreibung**
Base (BAS):	Auswahl der Datenbank
Define (DEF):	Es können Systemparameter festgelegt werden; z.B. welche Datenfelder mit “show” angezeigt werden.
Display (D):	Zeigt einen Ausschnitt des Datenbank-Index an
Find (F):	Suche nach einem oder mehreren Begriffen
Help (H)	Aufruf der Online Hilfe
Info:	Aufruf von Informationen über Datenbanken
Order:	Bestellung von Dokumenten
Save (SA):	Speichern eines Suchprofils
Show (S):	Anzeigen der gefundenen Datensätze
Stop:	Beenden der Verbindung
(In Klammern jeweils die Kurzform)	

Logische (Boolesche) Operatoren:	
AND: (und)	Kriterien werden miteinander verbunden, um aus zwei oder mehr Mengen eine kleinere Teilmenge zu bilden.
OR: (oder)	Kriterien werden so miteinander verbunden, daß sich größere gemeinsame Mengen bilden.
NOT: (aber nicht)	Kriterien werden ausgeschlossen, um kleinere Teilmengen zu bilden.
Trankierung und Maskierung:	
$	das Dollarzeichen dient zur Trankierung des Suchbegriffs
?	das Fragezeichen dient zur Trankierung des Suchbegriffs
(Die Retrievalsprache Grips bzw. CCL wird u.a. auf folgenden Hosts benutzt: DBI-LINK, DIMDI, ECHO, ESA-IRS)	

9.3.2 Suche nach: "Profile"

Mit dem Befehl "Base" wählen wir die Datenbank "IM GUIDE" aus; es erscheint die Mitteilung, daß das Kommando für "IM92" akzeptiert wurde, es erscheinen Informationen über die Datenbank, wie das Datum der letzten Aktualisierung, und daß man im Englischen Schlagwortindex (TL:Thesaurus Language) sucht.

Mit dem Befehl "Find" wird nach dem Datenbankanbieter "Profile" gesucht; Groß- oder Kleinschreibung manchen in diesem Fall keinen Unterschied. Der Befehl "Find" veranlaßt das System in den Freitextfeldern zu suchen; Freitextfelder sind hier die Textfelder AB (Abstract), DES (Schlagwort), NA (Name), ADD (Adresse), CN (Firmenname). Die Suche ergibt 36 Treffer ("Hits"), d.h. es gibt 36 Datensätze in deren Freitextfeldern das Wort "Profile" auftaucht.

Da wir einen Datenbankanbieter mit dem Namen "Profile" suchen, schränken wir die Suche auf den Namen (NA) der Datenbank ein. (Find Na=Profile?). Das Fragezeichen "?", man kann auch das Dollarzeichen "$" verwenden, dient dazu die Suche zu trankieren, das bedeutet, daß die Suche nicht auf das Wort "Profile" beschränkt bleibt, sondern auch Worte mit einbezieht, die das Wort "Profile" enthalten, wie z.B. Profileinformation, Profilelemente etc.

Mit "show" werden die gefundenen Ergebnisse angezeigt. Die Mitteilung "End of Show" zeigt an, daß alle mit "find" aufgefundenen Datensätze mit "show" ausgegeben wurden.

Bild 9.11: Recherchevorgang

```
?
base im guide

BASE COMMAND ACCEPTED FOR IM92;IM GUIDE;ED=20.02.92 TO 20.05.93: TL=ENGL
******************************************
*         I'M   G U I D E               *
******************************************
SIE  KOMMEN  JETZT  IHRE  ABFRAGE MIT DER CCL BEGINNEN. WEITERE
INFORMATIONEN UBER I'M GUIDE ERHALTEN SIE BEI BEDARF MIT DER EINGABE :
INFO IM92
?
find profile?
1.00  NUMBER OF HITS IS  36
?
find na=Profile?
1.00  NUMBER OF HITS IS  1
?
show
1.00/000001 ECHO: -IM GUIDE /COPYRIGHT ECHO
NA    : (PROFILE INFORMATION) Profile Information
ORTY  : DBPR         ... Database/Databank producer
        HOST         ... Host
        GATW         ... Gateway operator
```

Bild 9.12: Anzeige der gefundenen Ergebnisse

```
ADDR  : PO Box 12
        SUNBURY-ON-THAMES
        MIDDLESEX TW16 7UD
        UNITED KINGDOM
CY    : GB          ... United Kingdom
TEL   : +44-932761444
CP    : David Lennon
PRODU : (HMS HMD) Hermes and Hermes Daily
        (UST) US Telecommunications Newsletter
DB: (ANS) Asahi News Service
DB: (AP) Associated Press
DB: (BUSINESS WEEK) Business Week
DB: (CAM) Campaign
DB: (CMI) Consumer Magazine Index
DB: (DEL) European Communities 1992
DB: (DJ) Dow Jones News Service
DB: (ECL) EUROSCOPE
DB: (ECN) The Economist
DB: (EIS) Export Intelligence Service
DB: (EUR) Euromonitor Market Direction
DB: (FINANCIAL TIMES NEWSPAPER FULL TEXT DATABASE) FINANCIAL TIMES
        NEWSPAPER FULL TEXT DATABASE
DB: (FINTECH) FINTECH
DB: (FT) Financial Times
```

Bild 9.13: Ende der Anzeige

```
DB: (FTB) FT Business Reports Finance File
DB: (FTBR) FINANCIAL TIMES BUSINESS REPORTS
DB: (FTE) FT Business Reports Energy
DB: (FTM) FT Business Reports Media File
DB: (FTT) FT Business Reports Technology File
DB: (GDN) The Guardian
DB: (HENLEY) Henley Centre for Forecasting
DB: (HERMES) Hermes and Hermes Daily
DB: (HPD HPE) Hoppenstedt Companies
(...)
DB: (PRW) PR Week
DB: (SPEARHEAD) The Single Market Database
DB: (SPM) Super Marketing
DB: (SWB) BBC Summary of World Broadcasts
DB: (TEL) The Daily Telegraph and Sunday Telegraph
DB: (THE EC 1992 DATABASE) THE EC 1992 DATABASE
DB: (TIM) The Times and Sunday Times
DB: (TODAY) Today
DB: (TODAY'S FT) Today's Financial Times
DB: (TWP) The Washington Post
DB: (UST) (UST) US Telecommunications Newsletter
GW: CELEX, HOST: EUROBASES
GW: TED, HOST: ECHO
***END OF SHOW***
```

Der Datensatz (Record), der hier gekürzt wiedergegeben ist, beinhaltet die Datenfelder Name (NA), Organsationstyp (ORTY), Adresse (ADDR), Land (CY), Telefon (TEL), Kontaktperson (CP), Produzierte Datenbanken (PRODU), Datenbanken (DB) und Übergänge (GW: Gateways) zu anderen Hosts.

9.3.3 Suche nach:"Thesaurus Linguae G?"

Im zweiten Beispiel wird nach einer Datenbank gesucht, die eine umfassende Sammlung altgriechischer Texte beinhaltet. Die Suche wird auf das Namensfeld beschränkt und mit "?" trankiert.

Bild 9.14: Trankierung mit „?"

```
find thesaurus linguae g?

2.00 NUMBER OF HITS IS 2
?
show

2.00/000001 ECHO: -IM GUIDE /COPYRIGHT ECHO
NA: (THESAURUS LINGUAE GRAECAE - TLG DATABANK OF ANCIENT GREEK TEXTS)
Thesaurus Linguae Graecae - TLG Databank of Ancient Greek Texts
AB: Collection of words gleaned from multiple sources of ancient Greek
texts covering the works of approximately 3000 authors up to 600 AD.
Product is provided in both original Greek and Roman alphabet.
CT    : INFORMATION SCIENCE
DES   : history
PRTY  : FUL         ... Full text
ME    : CD          ... CD-ROM
UPD   : f           ... Twice a year (Half yearly)
LA    : GREK
DBPR  : (THESAURUS LINGUAE GRAECAE PROJECT) Thesaurus Linguae Graecae Project
CDPROD: THESAURUS LINGUAE GRAECAE PROJECT
CD    : (THESAURUS LINGUAE GRAECAE - TLG DATABANK OF ANCIENT GREEK TEXTS)
        Thesaurus Linguae Graecae - TLG Databank of Ancient Greek Texts
```

Die Suche führt zu zwei Datensätzen ("Number of Hits is 2"). Der erste Datensatz verweist auf die gesuchte Datenbank, den "Thesaurus Linguae Graecae", er beinhaltet die Felder Name (NA), Abstract (AB), Oberbegriff (CT), Schlagwort (DES), Datentyp (PRTY), Medium (ME), Häufigkeit der Aktualisierung (UPD), Sprache (LA), Datenbankproduzent (DBPR), CD-ROM-Produzent (CDPROD) und Name der CD-ROM (CD).

Der 2. Datensatz beinhaltet Angaben über den Datenbankproduzenten, das Thesaurus Linguae Graecae Projekt an der Universität von Kalifornien, wozu auch die Telefonnummer und der Name der Kontaktperson (CP) gehören.

Bild 9.15: Informationen des 2. Datensatzes

```
2.00/000002 ECHO: -IM GUIDE /COPYRIGHT ECHO
NA    : (THESAURUS LINGUAE GRAECAE PROJECT) Thesaurus Linguae Graecae Project
ORTY  : CDPR        ... CD-ROM/CDI producer
ADDR  : University of California
        Irvine
        CA 92717
        USA
CY    : US          ... United States of America
TEL   : +1-714-8567031 ; +1-714-8566404
FAX   : +1-714-8568434
CP    : Betsy Shanor
PRODU : (THESAURUS LINGUAE GRAECAE - TLG DATABANK OF ANCIENT GREEK TEXTS)
        Thesaurus Linguae Graecae - TLG Databank of Ancient Greek Texts
CD    : (THESAURUS LINGUAE GRAECAE - TLG DATABANK OF ANCIENT GREEK TEXTS)
        Thesaurus Linguae Graecae - TLG Databank of Ancient Greek Texts

***END OF SHOW***
```

In diesem Fall ergibt die Recherche, daß diese Datenbank nicht online verfügbar ist, und daß Alt-Philologen diese Datenbank nur als CD nutzen können.

9.4 Der Verbundkatalog

Der Verbundkatalog maschinenlesbarer Katalogdaten (VK92) ist ein überregionaler Bibliothekskatalog und dient als Nachweis der in deutschen Bibliotheken archivierten Literatur.

Der Katalog enthält die maschinenlesbar erfaßten Titel und Standortnachweise wissenschaftlicher Bibliotheken der Bundesrepublik Deutschland. Er verzeichnet Literatur aus allen Sprachen und Sachgebieten, aber er ist kein Gesamtkatalog. Bei DBI-LINK, dem Host des Deutschen Bibliotheksinstituts, ist die Datenbank verfügbar. Über folgende Datennetze ist DBI-LINK zu erreichen:

- Datex-P (NUA): 45 300 040 020
- WIN (NUA): 45 050 130 160
- EUROPAnet (früher IXI) (NUA): (0)204 362 6030 002
- INTERNET: dbi.cpt.gmd.de (192.88.108.104)

DBI-LINK bietet insgesamt 5 Datenbanken an, die Recherche in der Datenbank VK92 ist kostenlos und ohne vorherige Anmeldung mit dem öffentlichen Paßwort "dbilink" möglich.

9.4.1 Verbindungsaufnahme per Datex-P

Zunächst stellen wir die Verbindung zum Datex-P-Knoten (Tel.: 19552) her.

Bild 9.16: Verbindungsaufnahme zum Datex-P-Knoten

```
ATDT19552

CONNECT 2400

.  (Punkt+<RETURN>)

DATEX-P: 44 4000 49120

NUI XXZYY

DATEX-P: Passwort
XXXXXX

DATEX-P: Teilnehmerkennung XXZYY aktiv

45 300 040 020

DATEX-P: Verbindung hergestellt mit 45 3000 40020
         (002) (n, Tlnkg XXZYY zahlt, Paket-Laenge: 128)
```

Nachdem das Modem die Nummer gewählt hat, die Buchstaben "ATDT" vor der Rufnummer, sind die (Hayes-) Befehle mit denen das Modem veranlaßt wird, die Nummer zu wählen; "AT" versetzt das Modem in die Bereitschaftsstellung, der Befehlsspeicher des Modems wird gelöscht, die aktuellen Einstellungen der Übertragungsgeschwindigkeit und der seriellen Schnittstelle werden dem Modem übermittelt und es erwartet weitere Anweisungen.

Der Befehl, der folgt, lautet "DT", die Abkürzung für "Dial Tone"; er veranlaßt das Modem im Ton-Verfahren die folgende Nummer zu wählen. Nachdem die Verbindung hergestellt ist, erscheint die Meldung "Connect 2400", was bedeutet, daß die Verbindung bei einer Geschwindigkeit von 2400 Bps hergestellt wurde.

Anschließend wird ein "." (Punkt) eingegeben und die [↵]-Taste betätigt. Dann meldet sich die Datex-P-PAD und wir geben "NUI" mit dem 1. Teil der Kennung ein, dann fragt Datex-P den 2. Teil der Nutzerkennung ab und schließlich erscheint die Meldung, daß die Nutzerkennung aktiv ist. Jetzt wird die NUA (Network User Address) des Rechners von DBI-LINK angewählt, und es erscheint die Meldung, daß die Verbindung hergestellt ist. Nach der Verbindungsaufnahme zum DBI-LINK Rechner, werden wir zum LOGIN aufgefordert ("Please enter Net Command").

Bild 9.17: Aufforderung zum LOGIN

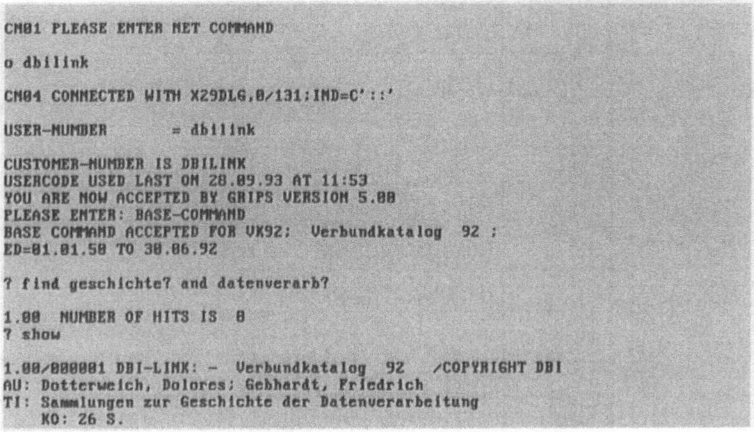

```
CN01 PLEASE ENTER NET COMMAND

o dbilink

CN04 CONNECTED WITH X25DLG,0/131:IND=C'::'

USER-NUMBER        = dbilink

CUSTOMER-NUMBER IS DBILINK
USERCODE USED LAST ON 28.09.93 AT 11:53
YOU ARE NOW ACCEPTED BY GRIPS VERSION 5.00
PLEASE ENTER: BASE-COMMAND
BASE COMMAND ACCEPTED FOR VK92:  Verbundkatalog  92 :
ED=01.01.50 TO 30.06.92

? find geschichte? and datenverarb?

1.00  NUMBER OF HITS IS  8
? show

1.00/000001 DBI-LINK: -  Verbundkatalog  92   /COPYRIGHT DBI
AU: Dotterweich, Dolores; Gebhardt, Friedrich
TI: Sammlungen zur Geschichte der Datenverarbeitung
   KO: 26 S.
```

Das LOGIN erfolgt mit "o dbilink" (o wie open), anschließend wird das öffentliche Paßwort "dbilink" eingegeben; weil die anderen Datenbanken in diesem Falle nicht zur Verfügung stehen, wird vom System selbst das Base-Kommando für die Datenbank "VK92" eingegeben.

9.4.2 Hinweise zum Retrieval

Die verwendete Retrieval-Sprache ist die Version 5.0 von GRIPS, die im übrigen der CCL entspricht. Mit dem Befehl "Find" ohne weitere Zusätze wird auch hier in den Freitextfeldern gesucht; zu den Freitextfeldern gehören hier die Datenfelder Titel (TI), Zusatztitel (ST), Parallelsachtitel (PT), Originaltitel (UT) und weitere Titel (OT).

Tabelle 9-2: Die Datenfelder des VK 92 ((in alphabetischer, nicht tatsächlicher Reihenfolge):

AU:	Autor; erster bis dritter Verfasser
AS:	Verfasserangabe
CA:	Namen der Urheber (1-3) oder der Körperschaften (1-3)
DI:	Dissertation
DS:	Dissertationsvermerk
DT:	Dokumenttyp (M=Monographie; P=Band; B=Grundwerk)
ED:	Ausgabebezeichnung
IB:	ISBN (nach Vorlage)
KO:	Kollationsvermerk
ND:	Datensatznummer
NR:	Nummern
NT:	Fußnoten
OT:	weitere Titel
PN:	Patentnummer
PP:	Erscheinungsort
PT:	Parallelsachtitel
PU:	Verlag
PY:	Erscheinungsjahr
RA:	weitere Namensformen des Verfassers
RC:	weitere Namensformen der Körperschaften
RN:	Referenznummer
SE:	Serien
SG:	Bibliothekssigel
SN:	ISBN (normiert)
SS:	Unterreihen bei mehrbändigen Werken
ST:	Zusatz zum Sachtitel
SU:	Namen gefeierter Personen (1-3) bei Festschriften
TI:	Titel
UT:	Originaltitel

VL:	Bandzählung
VM:	bibliographische Angaben zum Band
Angaben der Leihverkehrsregionen:	
BAW:	Baden-Württemberg
BAY:	Bayern
BER:	Berlin
HAM:	Hamburg
HES:	Hessen
NIE:	Niedersachsen
NRW:	Nordrhein-Westfalen
SAX:	Sachsen

Die Suche in anderen Feldern muß durch Eingabe des jeweiligen Feldkürzels, z.B. AU=Goethe, veranlaßt werden. Die Werke, die Goethe geschrieben hat, lassen sich über das Autorenfeld (AU) finden.

Die Eingabe des Autorennamens ohne Datenfeldkürzel, also z.B. "Find Goethe" führt in der Regel zu den Büchern, die in den Titelfeldern das Wort "Goethe" verzeichnen; auf diese Weise würde man Bücher über Goethe aber nicht von ihm finden.

Es ist ratsam sich vor einer Recherche die Handbücher gründlich durchzulesen, um festzustellen, mit welchem Befehl welche Datenfelder durchsucht werden. Das "?", das nach den Rechnermeldungen erscheint, bedeutet, daß der Rechner auf weitere Befehle wartet. Die Nummer vor der Meldung der Suchergebnisse, ist die Nummer der jeweiligen Recherche. Man kann auch die Nummer der Recherche aufrufen und ggf. neue Verknüpfungen hinzufügen.

9.4.3 Suche nach: "Geschicht? und Datenver?"

Wir suchen Buchtitel zum Thema Geschichte und Datenverarbeitung. Um unterschiedliche Wortkombinationen einzubeziehen, trankieren wir beide Begriffe mit dem Fragezeichen "?". Mit dem Operator "and" werden beide Kriterien verknüpft, d.h. es wird eine Teilmenge aus den Titeln gebildet, die das Wort "Geschichte..." beinhalten und den Titeln die das Wort "Datenverarb..." beinhalten.

Das Ergebnis sind 8 Titel, die mit dem Befehl "show" angezeigt werden. Es sind Titel, die aus dem Gebiet "Geschichte der Datenverarbeitung" stammen, die uns nicht interessieren.

Bei der 2. Suche ändern wir die Trankierung der Worte. Da mit dem Suchwort "Geschichte?", Begriffe wie z.B. Geschichtswissenschaft ausgeschlossen werden, suchen wir nach den Begriffen "Geschicht..." und "Datenver..." gesucht.

Bild 9.18: Änderung der Trankierung

```
? find geschicht? and datenver?

2.00  NUMBER OF HITS IS  16
? show F=AU:TI:ST
2.00/000001 DBI-LINK: -  Verbundkatalog  92   /COPYRIGHT DBI
AU: Dotterweich, Dolores; Gebhardt, Friedrich
TI: Sammlungen zur Geschichte der Datenverarbeitung
    KO: 26 S.
2.00/000002 DBI-LINK: -  Verbundkatalog  92   /COPYRIGHT DBI
AU: Dotterweich, Dolores; Gebhardt, Friedrich
TI: Sammlungen zur Geschichte der Datenverarbeitung
    KO: 26 S.
2.00/000003 DBI-LINK: -  Verbundkatalog  92   /COPYRIGHT DBI
AU: Wülfert, Heinrich
TI: Datenverarbeitung und Schule. EDISM, Geschichte e.Projekts.
    (Von) H (einrich) Wülfert.
2.00/000004 DBI-LINK: -  Verbundkatalog  92   /COPYRIGHT DBI
AU: Jarausch, Konrad H.; Arminger, Gerhard; Thaller, Manfred
TI: Quantitative Methoden in der Geschichtswissenschaft
ST: e. Einf. in d. Forschung, Datenverarbeitung u. Statistik
    KO: X, 211 S.
2.00/000005 DBI-LINK: -  Verbundkatalog  92   /COPYRIGHT DBI
AU: Fleischhut, Jens
TI: Informatik
```

Das Ergebnis ist, daß die Trefferquote sich mit 16 verdoppelt hat. In diesen 16 Titeln, sind die 8 der ersten Suche enthalten und 8 neue Titel.

Da wir zunächst nicht alle Datenfelder sehen wollen, sondern uns nur einen kurzen Überblick verschaffen wollen, lassen wir lediglich die Felder Autor (AU), Titel (TI) und Untertitel (ST) anzeigen und schränken den Show-Befehl auf diese Felder ("Show F=AU;TI;ST") ein; das "F" steht hier für Format.

Der 4. Treffer in der 2. Suche beinhaltet die Begriffe "Geschichtswissenschaft" im Titel und "Datenverarbeitung" im Untertitel. Mit dem Begriffspaar "Geschichtswissenschaft" und "Comput..." kommen wir zu keinem Ergebnis ("Number of Hits is 0") Die beiden Worte "Geschichtswissenschaft" und "Datenverarb..." führen zu den beiden Titeln, die bei der 2. Suche bereits gefunden wurden.

Bild 9.19 Ergebnis der kombinierten Suche

```
find geschichtswissenschaft and comput?
3.00  NUMBER OF HITS IS  0
?
find geschichtswissenschaft and datenverarb?
4.00  NUMBER OF HITS IS  2
?
show
4.00/000001 DBI-LINK: -  Verbundkatalog  92   /COPYRIGHT DBI
AU: Jarausch, Konrad H.; Arminger, Gerhard; Thaller, Manfred
TI: Quantitative Methoden in der Geschichtswissenschaft
ST: e. Einf. in d. Forschung, Datenverarbeitung u. Statistik
    KO: X, 211 S.
PY: 1985    PP: Darmstadt    PU: Wissenschaftl. Buchges.
SE: Die Geschichtswissenschaft
SN: 3-534-09163-9
SAX: 14           : Sign.: 65.8.164
BAW: 16           : Sign.: LA 6786
BAW: 21           : Sign.: 26 A 17302
BAW: 25           : Sign.: LS: Gesch 2/16
BAY: 384          : Sign.: 50/MB 2800 J37 (50) 002 Exe :
BER: 1a           : Sign.: 712 045
HAM: 18           : Sign.: 002 Exe : F Hist 012/4
HAM: 46           : Sign.: a hil 006.35/205 = h hil 006.35/205a
HAM: 030          : Sign.: 2429-2506
```

Mit “show” werden die Datenfelder ausgegeben, am Ende des Datensatzes erscheinen die Bibliothekssigel und die jeweiligen Signaturen. “Ham 18 “ steht z.B. für die Staats- und Universitätsbibliothek Hamburg, die 2 Exemplare (002 Exe) des Buches sind hier unter der Signatur F Hist 012/4 verzeichnet. Mit dem Befehl “stop” beenden wir die Verbindung mit DBI-LINK und kehren zur Datex-P-PAD zurück.

Bild 9.20: Verbindung mit „stop" beenden

```
4.00/000002 DBI-LINK: -  Verbundkatalog  92   /COPYRIGHT DBI
AU: Kaufhold, Karl H. (Hrsg.)
TI: Geschichtswissenschaft und elektronische Datenverarbeitung
    KO: 347 S. : graph. Darst., Kt.
PY: 1988    PP: Stuttgart    PU: Steiner-Verl. Wiesbaden
SE: Beiträge zur Wirtschafts- und Sozialgeschichte ; 36
SN: 3-515-05286-0
(...)

***END OF SHOW***

? stop

QUERY : 0DBILINK/0001/         /VK92    DATE : 28.09.93 TIME : 12:08:12

DATEX-P: Ausloesung - Anforderung durch Gegenstelle

DATEX-P: 44 4000 49120
```

9.5 Der OPAC der Universitätsbibliothek der Bundeswehr

Von der Handhabung besteht kein Unterschied, ob wir einen Online-Bibliothekskatalog per Datennetz oder über einen der Terminals im Bibliotheksgebäude benutzten. Das Benutzermenü, mit dem wir es zu tun bekommen, ist dasselbe.

Online Bibliothekskataloge werden im Fachjargon als OPAC (Online Public Access Catalogue) bezeichnet; einer der OPACs in der Bundesrepublik ist der Katalog der Universitätsbibliothek der Bundeswehr in Hamburg. Man kann ihn per Datex-P (NUA: 4505015002), per WIN (NUA: 45050130026) oder per Internet (rzt01.unibw-hamburg.de) erreichen.

Nachdem wir die Verbindung zum Universitätsrechner hergestellt haben, erhalten wir mit dem öffentlichen Paßwort "k." Zutritt.

Bild 9.21: Zutritt zum Rechner mit dem Paßwort „k"

```
k. (Passwort)


*****************************************************************************
*   INFORMATIONSSSYSTEM DER UNIVERSITAET DER BUNDESWEHR HAMBURG            *
*              B E N U T Z E R M E N U E                                   *
*****************************************************************************
*    Bitte waehlen Sie unter den folgenden Menuepunkten:                   *
+
*             1   =   Katalogmenue Universitaetsbibliothek
*             2   =   Kontoauszug fuer Bibliotheksbenutzer

*             Nur in der Hauptbibliothek: Kataloge anderer Bibliotheken
*
*             4   =   Informationen zum Bibliothekssystem
*             5   =   Informationen des Universitaetsrechenzentrums
*
*             E   =   Verlassen des Informationssystems
*
*          Bitte bestaetigen Sie ALLE EINGABEN mit der <RETURN>-Taste
*****************************************************************************

*             Ihre Eingabe bitte: 1
```

Anschließend erscheint das Benutzermenü des Informationssystems der Bundeswehruni. Mit der Eingabe "1" wählen wir das "Katalogmenue Universitaetsbibliothek" aus.

Bild 9.22: Benutzermenü des Informationssystems

```
*************************************************************************
*    BIBLIOTHEKSSYSTEM DER UNIVERSITAET DER BUNDESWEHR HAMBURG          *
*              K  A  T  A  L  O  G  M  E  N  U  E                       *
*************************************************************************
*    Bitte waehlen Sie unter den folgenden Menuepunkten:                *
*                                                                       *
*       1    =  Verfasser-/Titelkatalog                                 *
*       2    =  Stichwortkatalog                                        *
*       3    =  Alphabetischer Index zum Systematischen Katalog         *
*       4    =  Systematischer Katalog                                  *
*       5    =  Serienkatalog                                           *
*       ?    =  Hilfe                                                   *
*       E    =  Uebergang zum Benutzermenue                             *
*                                                                       *
*    Bitte bestaetigen Sie ALLE EINGABEN mit der <RETURN>-Taste         *
*************************************************************************

         Ihre Eingabe bitte:  2
```

9.5.1 Das Katalogmenü

Das Katalogmenü bietet fünf verschiedene Möglichkeiten der Suche an. Im Verfasser- und Titelkatalog kann nach Autorenname oder Buchtitel gesucht werden; es ist nicht erforderlich, daß man den vollständigen Autorenname oder Titel eingibt. Eine Trankierung wird vom System selbst durchgeführt, d.h. im Anschluß an eine Suche wird eine Liste angezeigt, die auch benachbarte Namen bzw. Titel anzeigt.

Im Stichwortkatalog kann nach den sinntragenden Schlagworten aus dem Buchtitel gesucht werden, d.h. der gesuchte Begriff muß im Titel vorhanden sein. Bei der Suche im Stichwortkatalog können außerdem verschiedene Begriffe miteinander verknüpft werden.

Der Alphabetische Index zum Systematischen Katalog hilft die Signaturen von einzelnen Abteilungen aufzufinden. Mit den aufgefundenen Signaturen kann dann im Systematischen Katalog nach Themenbereichen gesucht werden.

Schließlich verzeichnet der Serienkatalog Zeitschriften und andere Periodikas.

9.5.2 Eine Suche im Stichwortkatalog

Wir wählen durch Eingabe von “2” den Stichwortkatalog aus und suchen zunächst nach dem Schlagwort “Datenbank”. Groß- oder Kleinschreibung werden hier nicht unterschieden.

Bild 9.23: Auswahl des Stichwortkataloges

```
* Bitte Eingabe eines Suchbegriffs        oder:                              *
* Zur Kurztitelanzeige Eingabe der laufenden Nummer                          *
* <RETURN>  =  Vorwaertsblaettern         -  =  Rueckwaertsblaettern         *
* XX        =  Katalogmenue               ?  =  Hilfe                        *
* Ihre Eingabe: datenbank
01 DATEN                   > 000146
02 DATENALLOKATION         > 000001
03 DATENALLOKATIONSPLAN    > 000001
04 DATENANALYSE            > 000024
05 DATENANALYSESYSTEM      > 000002
06 DATENANALYSESYSTEME     > 000002
07 DATENAUSGABE            > 000001
08 DATENAUSTAUSCH          > 000003
09 DATENBANK              -> 000021 Treffer
10 DATENBANKABFRAGE        > 000001
11 DATENBANKANGEBOTE       > 000001
12 DATENBANKANWENDUNGEN    > 000001
13 DATENBANKDESIGN         > 000001
14 DATENBANKEN             > 000063
15 DATENBANKFUEHRER        > 000001
16 DATENBANKGESTUETZTE     > 000002
17 DATENBANKGESTUETZTEN    > 000001
18 DATENBANKGESTUETZTER    > 000001
******************************************************************************
```

Die Suche ergibt 21 Treffer. Angezeigt werden auch benachbarte Suchbegriffe; mit der Eingabe der vorangestellten Ziffer wird ein Stichwort ausgewählt. Mit "9" wird der Bereich "Datenbank" ausgewählt.

Bild 9.24: Auswahl des Datenbankbereiches mit „9"

```
* Bitte Eingabe eines Suchbegriffs        oder:
* Zur Kurztitelanzeige Eingabe der laufenden Nummer                          *
* <RETURN>  =  Vorwaertsblaettern            =  Rueckwaertsblaettern         *
* XX        =  Katalogmenue               ?  =  Hilfe                        *
* Ihre Eingabe: 9
******************************************************************************
* Trefferanzahl: 0021                                                        *
* Bitte Eingabe eines einschraenkenden 2. Suchbegriffs      oder:            *
* <RETURN> zur Anzeige dieser Treffer          X  =     Neue Eingabe         *

* Ihre Eingabe: online

   Der Suchbegriff **DATENBANK** wurde 0021 mal gefunden.
   Folgende Titel enthalten auch den 2. Suchbegriff **ONLINE**:
       - - -  kein Titel enthaelt den 2. Suchbegriff - - -
   Der Suchbegriff **DATENBANKABFRAGE** wurde 0001 mal gefunden.
   Folgende Titel enthalten auch den 2. Suchbegriff **ONLINE**:
       - - -  kein Titel enthaelt den 2. Suchbegriff - - -
   Der Suchbegriff **DATENBANKANGEBOTE** wurde 0001 mal gefunden.
   Folgende Titel enthalten auch den 2. Suchbegriff **ONLINE**:
       - - -  kein Titel enthaelt den 2. Suchbegriff - - -
   Der Suchbegriff **DATENBANKANWENDUNGEN** wurde 0001 mal gefunden.
```

Dann verknüpfen wir die Menge der 21 Titel, die das Wort "Datenbank" enthalten, mit dem Stichwort "Online". Wir erhalten die Mitteilung, daß zwar 21 Bücher im Titel das Wort Datenbank aber keines davon das Wort "online" haben. Das System verknüpft aber außerdem den verwandten Begriff "Datenbanken" mit dem 2. Suchwort "Online".

Bild 9.25: Ergebnis des Suchprozesses

```
Der Suchbegriff **DATENBANKDESIGN** wurde 0001 mal gefunden.
Folgende Titel enthalten auch den 2. Suchbegriff **ONLINE**:
    - - -  kein Titel enthaelt den 2. Suchbegriff - - -

Der Suchbegriff **DATENBANKEN** wurde 0063 mal gefunden.
Folgende Titel enthalten auch den 2. Suchbegriff **ONLINE**:

01 Staud:Online-Datenbanken
   1991             Signatur: KYB 650              Y0002
02 Huegel:Internationale Markt fuer Online-Datenbanken
   1990             Signatur: BUB 886              Y0002
03 Online-Recherchen in externen Datenbanken
   1987             Signatur: BUB 690              Z09603
04 Sandmaier:Informationsvorsprung mit Online-Datenbanken
   1990             Signatur: BUB 886              X0001
************************************************************************
```

Das Ergebnis ist eine Liste von vier Büchern, die das Wort "Datenbanken" und das Wort "online" im Titel führen. Durch die Eingabe der Nummer, die links neben dem Titel steht, können wir uns die bibliographischen Angaben vollständig anzeigen lassen.

9.5.3 Eine Suche im Systematischen Katalog

Um weitere Bücher aus dem Themenbereich "Datenbank/en-Online" zu finden setzen wir die Suche im Systematischen Katalog fort. Wären wir in einer Bibliothek, hätte uns der Schlagwortkatalog zu einigen Titeln aus dem gesuchten Bereich geführt; in der Regel stehen Bücher zu gleichen oder verwandten Themen im selben Regal, wir würden also dort nachsehen, ob noch andere interessante Titel vorhanden sind.

Im OPAC erreichen wir das gleiche im systematischen Katalog; wir nehmen den ersten Teil der Signatur, in diesem Fall "BUB 886", und lassen uns alle Bücher anzeigen, die unter dieser Systematik stehen.

Bild 9.26: Ergebnis des letzten Suchprozesses

```
***********************************************************************
* Bitte Eingabe der vollstaendigen Signatur bzw. Systemstelle         *
* #RE =  Wechsel in den Index des Systematischen Katalogs             *
* XX  =  Katalogmenue                    ?  =  Hilfe                  *
*---------------AAA BBB.B CCC DDD:XYYYY                               *
* Ihre Eingabe: BUB 886
01 BUB 886       T0001  ROMPEL:MIT PCS AM ONLINE-DATENBANKEN
02 BUB 886       T0002  ONLINE USER MANUAL FORIS SOLIS
03 BUB 886       T0003  XMUCHE:UMGANG MIT EXTERNEN DATENBANKEN
04 BUB 886       T0003  XMUCHE:UMGANG MIT EXTERNEN DATENBANKEN
05 BUB 886       T0004  COOK:MANAGEMENT OF INFORMATION FROM ARCHIVES
06 BUB 886       T0005  SMALL SCALE BIBLIOGRAPHICAL DATABASES
07 BUB 886       U0001  FACHWISSEN ONLINE-RECHERCHE
08 BUB 886       U0002  US SYSTEMS
09 BUB 886       U0002  ONLINE INTERNATIONAL COMMAND CHART
10 BUB 886       U0002  EUROPEAN/CANADIAN SYSTEMS
11 BUB 886       W0001  CAPURRO:HERMENEUTIK DER FACHINFORMATIONEN
12 BUB 886       W0002  JUETTNER:METHODEN DER KUENSTLICHEN INTELLIGENZ FUER
13 BUB 886       W0003  CCF
14 BUB 886       W0004  END-USER SEARCHING
15 BUB 886       W0005  NICHOLAS:ONLINE INFORMATION SOURCES FOR BUSINESS
16 BUB 886       X0001  SANDMAIER:INFORMATIONSVORSPRUNG MIT ONLINE-DATENBAN
17 BUB 886       Y0001  HUTHLOFF:GRIPS FUER BRZN UND DBI
18 BUB 886       Y0002  HUEGEL:INTERNATIONALE MARKT FUER ONLINE-DATENBANKEN
```

Unter der systematischen Signatur “BUB 886” finden sich eine Reihe von themenverwandten Büchern, die in Kurzform angezeigt werden. Aus der Liste kann man sich die vollständigen Titel durch Eingabe der vorangestellten Nummer anzeigen lassen. Wir wählen “7” und erhalten die vollständigen Angaben zu “Fachwissen online-Recherche”.

Bild 9.27: Angaben zu „Fachwissen online-Recherche“

```
* Zur Vollanzeige bitte Eingabe der laufenden Nummer der gewuenschten Titel*
* <RETURN> =  Weitere Kurztitel             X  =  Neue Eingabe Signatur    *
* XX       =  Katalogmenue                  #RE=  Wechsel in den SYK-Index *
* ?        =  Hilfe                                                        *
* Ihre Eingabe: 7

Titel       Fachwissen Online-Recherche
Untertitel  Suchstrategien in Online-Datenbanken
Mitarbeiter Claassen, Walter u.a.
Ort         Essen
Verlag      Klaes
Jahr        1988
            347 S.
ISBN        3-925506-13-6
            BUB 886:U0001                      ausgeliehen - 01.10.93
```

Der angezeigte Datensatz enthält neben den bibliographischen Angaben wie Titel, Untertitel, Mitarbeitern, ISB-Nummer, die vollständige Signatur (BUB 886:U0001) und Informationen über die Verfügbarkeit des Buches (“ausgeliehen - 1. 10.93”).

9.6 PAIS International und die Zeitschriftendatenbank

Die beiden Ziele dieser Recherche bestehen zum einen darin, Zeitschriftenaufsätze über die politische Entwicklung im Iran seit dem Tode Khomeinis zu finden und zum anderen zu erfahren, in welchen Bibliotheken in Deutschland die jeweiligen Zeitschriften zu finden sind. Für die Suche nach den Zeitschriftenaufsätzen über den Iran wird die Datenbanken PAIS International beim Host Knowledge Index ausgewählt; einen Standortnachweis von Zeitschriften enthält die Zeitschriftendatenbank (ZDB) beim Host DBI-LINK.

9.6.1 PAIS International

Mit einem normalen Kommunikationsprogramm stellen wir eine Verbindung mit CompuServe her. Die Verbindung zum Knwoledge Index wird durch Eingeben des Befehls "GO KI" hergestellt; es erscheint das KI-Menü.

Bild 9.28: Menü des Knowledge Index

```
         1 Introduction to KNOWLEDGE INDEX
         2 Available Databases
         3 Instructions for Use
         4 Pricing
         5 Hours of Availability
         6 Terms, Conditions, and Restrictions
         7 Access KNOWLEDGE INDEX ($)

 ? 7
          KNOWLEDGE INDEX  Main Menu

         1 Menu-Assisted Searching
         2 Command/Advanced Searching
         3 How to Use KNOWLEDGE INDEX
         4 Database Descriptions
         5 General Information

Copyright (c) 1993 Dialog Information Services, Inc. All rights reserved.

Enter option NUMBER and press ENTER to continue.
 /H = Help                    /L = Logoff

 ? 2
```

Die Auswahl des Menüpunktes "Access KNOWLEDGE INDEX ($)", das $-Zeichen weist darauf hin, daß für die Benutzung zusätzliche Gebühren erhoben werden, die Eingabe "7" stellt die Verbindung zu den Datenbanken des KI her. Auf dem Bildschirm erscheint das "Knowledge Index Main Menu"; mit "2" wählen wir für die Recherche die Retrival-Sprache und mit dem Kommando "Begin" wird die Recherche in der Datenbank "Socs2" begonnen.

Zunächst werden Informationen über die Datenbank, in der wir uns befinden, angezeigt, u.a. daß im April 1993 die letzte Aktualisierung stattgefunden hat.

Bild 9.29: Allgemeine Informationen zur aktuellen Datenbank

```
Now in Social Science (SOCS) Section (SOCSZ) Database
PAIS INTERNATIONAL _ 76-93/Apr
(COPR.1993 PAIS INC.)
?expand khomeini

Ref    Items  Index-term
E1         1  KHOLUCKCHAI
E2         1  KHOMAINI
E3       183  KHOMEINI
E4        52  KHOMEINI, RUHOLLAH, 1900-89
E5         1  KHOMEINIS
E6         1  KHOMEINISM
E7         2  KHOMEINY
E8         1  KHOMEYNI
E9         1  KHOMOLYANSKY
?expand iran

Ref    Items  Index-term
E1         2  IRAKO
E2         2  IRALA
E3      1512  IRAN
E4         8  IRAN - ARMED FORCES - EQUIPMENT AND SUPPLIES
E5         8  IRAN - FILM CATALOGS
E6         8  IRAN - FOREIGN OPINION
```

Die Suche soll mit den Begriffen “Iran” und “Khomeini” durchgeführt werden. Zunächst überprüfen wir deshalb, ob überhaupt und in welcher Schreibweise Khomeini (Chomeini, Kumeini etc.) und Iran in den Index eingetragen sind. Dazu benutzen wir das Kommando “Expand”, es zeigt einen Ausschnitt aus dem vorhandenen Index und gibt an, wieviele Datensätze mit dem jeweiligen Stichwort verzeichnet sind.

Anschließend beginnen wir mit dem eigentlichen Retrieval; es wird nach Datensätzen gesucht, in denen die Begriffe “Khomeini” und “Iran” vorkommen.

Bild 9.30: Datensätze mit „Khomeini" und „Iran"

```
?find iran and khomeini

             1512  IRAN
              103  KHOMEINI
      S1       96  IRAN AND KHOMEINI

?find s1 and py=1989:1993

               96  S1
            62971  PY=1989 : PY=1993
      S2       22  S1 AND PY=1989:1993

?expand la=?

Ref    Items  Index-term
E1        11  JN=ZIMBABWE J ECON
E2        13  JN=ZOLL-RUNDSCHAU
E3         0  LA=?
E4    240700  LA=ENGL
E5     37023  LA=FREN
E6     49004  LA=GERM
E7     11515  LA=ITAL
E8      6392  LA=PORT
E9     10723  LA=SPAN
```

Mit dem Befehl “Find” ohne weitere Zusätze, wird das System veranlaßt in den Datenfeldern Titel, Abstract und Stichwort (Deskriptor) nach beiden Worten zu suchen. Alle anderen Felder sowie die Stoppwörter werden nicht berücksichtigt. Es gibt 1512 Datensätze in denen das Stichwort “Iran” und 103 in denen das Stichwort “Khomeini” vorkommt. Die mit “and” gebildete Teilmenge der Datensätze, in denen Khomeini und Iran vorkommen, beträgt 96. Dieses Rechercheergebnis wird in “s1”, “Search 1”, festgehalten.

Die Suche kann nun durch weitere Kriterien eingegrenzt werden. Eine Möglichkeit besteht darin, die Suche auf die Literatur zu beschränken, die in den letzten 4 Jahren erschienen ist. Wir verknüpfen also das Ergebnis der 1. Suche (S1) mit dem Kriterium Erscheinungsjahr (PY). Zunächst wird das Ergebnis der 1. Suche (“96 S1”) angezeigt, dann die Zahl der Datensätze, auf die das Kriterium Erscheinungsjahr 1989 bis 1993 zutrifft; der Zeitraum wird mit einem Doppelpunkt (“:”) dargestellt (“62.971 PY=1989 : PY=1993).

In “S2” wird die Teilmenge beider Mengen mit 22 angegeben. Wir können uns nun alle 22 Datensätze im mittleren oder kurzen Format anzeigen lassen. Im Kurzformat werden die Felder Titel und Datensatz-Nummer, im mittleren Format außerdem Autor, Name der Zeitschrift, Sprache, Dokumenttyp und Erscheinungsjahr angezeigt; im langen Format wird der gesamte Datensatz ausgegeben, einschließlich eines Abstracts, falls vorhanden.

Mit dem Befehl “type S2/M/all” könnten wir uns alle (“all”) Datensätze, auf die die Kriterien der 2. Suche zutreffen, im mittleren Format ("M") ausgeben lassen; wir könnten dann die Verbindung zur Datenbank beenden, die in der Protokolldatei abgespeicherten Daten ansehen und dann entscheiden, von welchen Datensätzen wir uns alle Felder ansehen möchten. Wir können aber auch die Suche fortsetzen und durch weitere Kriterien einengen.

In diesem Falle wollen wir die Suche auf Aufsätze, die in deutscher Sprache erschienen sind, beschränken. Mit "expand" und "LA=?" (LA=Language) überprüfen wir zunächst im Register, welche Sprachen überhaupt verzeichnet sind. Dann verknüpfen wir die Kriterien von Suche 1 ("S1") und Suche 2 ("S2") nacheinander mit dem Kriterium deutsche Sprache ("LA=GERM") zu S3 und S4.

Bild 9.31: Verknüpfung verschiedener Kriterien

```
?find s2 and la=germ
                22  S2
             49884  LA=GERM
      S3         1  S2 AND LA=GERM

?find s1 and la=germ
                96  S1
             49884  LA=GERM
      S4         7  S1 AND LA=GERM
?type S3/L

 3/L/1
00409406    PAIS Number: 900019084
Die "Zweite Islamische Republik": der Gottesstaat auf dem Weg in die
Normalitaet.
 Steinbach, Udo
 Aussenpolitik  41:73-90 no 1 '90
 LANGUAGE: Germ
 DOC TYPE: P
 ABSTRACT/NOTES:
   Deals  with  political  developments  in  Iran since Ruhollah Khomeini's
   death in June 1989. Includes discussion of foreign policy.
 DESCRIPTORS: *Iran-- Government and politics; *Islam and politics-- Iran
```

S3 ergibt einen Datensatz, d.h. es gibt einen Aufsatz, der in den Jahren von 1989 bis 1993 in deutscher Sprache erschienen ist, und S4 verzeichnet insgesamt sieben Datensätzte, d.h. sechs Aufsätze sind vor 1989 erschienen. Mit "type S3/L/1" lassen wir uns den 1. Datensatz der 3. Suche im langen ("L") Format ausgeben. Der Datensatz hat die Datensatz-Nummer ("00409406"), anhand dieser Nummer kann man den Datensatz auch direkt aufrufen, man würde dann "Type 00409406" eingeben.

Rechts daneben erscheint die PAIS-Nummer ("900019084"), anhand dieser Nummer kann man den Datensatz in der schriftlichen Ausgabe finden, es folgen Titel ("Die 'Zweite Islamische.."), Autor ("Steinbach, Udo"), Name der Zeitschrift ("Aussenpolitik"), Band, Seiten, Nummer und Jahrgang der Zeitschrift ("41:73-90 no 1 '90"), Sprache ("Germ"), Texttyp (DOC TYPE) (P: Periodical article

(Zeitschriftenaufsatz)), ein Abstract bzw. in diesem Fall eine zusammenfassende Bemerkung und die zugeordneten Schlagworte (Descriptors).

Tabelle 9-3: Knowledge-Index Retrieval-Kommandos:

Befehl	**Beschreibung**
BEGIN (B):	Auswahl der Datenbank
DISPLAY (D):	Zeigt die Suchergebnisse bildschirmweise an
EXPAND (E):	Zeigt einen Ausschnitt des Datenbank-Index an
FIND (F):	Suche nach einem oder mehreren Begriffen
HELP (H):	Aufruf der Online-Hilfe
LOGOFF(L):	Beendet die Verbindung mit KI
PAGE (P):	Zeigt die nähste Bildschirmseite
RECAP ®:	Zeigt alle zuvor durchgeführten Suchschritte an
TYPE (T):	Zeigt die Suchergebnisse fortlaufend an
(Es kann auch nur das in Klammern gesetzte Kürzel verwandt werden)	
Ausgabeformate der Datensätze	
Long (L):	Zeigt den vollständigen Datensatz
Medium (M):	Zeigt Name oder Titel, Datensatznummer, Autor, Name der Zeitschrift, Sprache, Dokumenttyp und Erscheinungsjahr
Short (S):	Zeigt Name oder Titel und Datensatznummer
Logische (Boolesche) Operatoren:	
AND: (und)	verbindet Kriterien miteinander, um aus zwei oder mehr Mengen eine kleinere Teilmenge zu bilden. Beispiel: suche Iran und Khomeini
OR: (oder)	verbindet Kriterien so miteinander, daß sich aus zwei oder mehr Mengen größere gemeinsame Mengen bilden.

Beispiel: suche Iran oder Khomeini

NOT: (aber nicht) schließt Kriterien aus.

Beispiel: suche Iran aber nicht Khomeini

Bild 9.32: Beispiel 1 für boolsche Verknüpfung

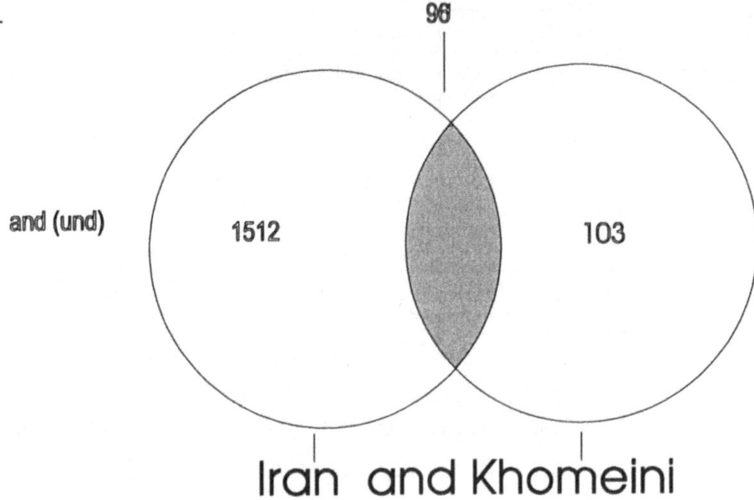

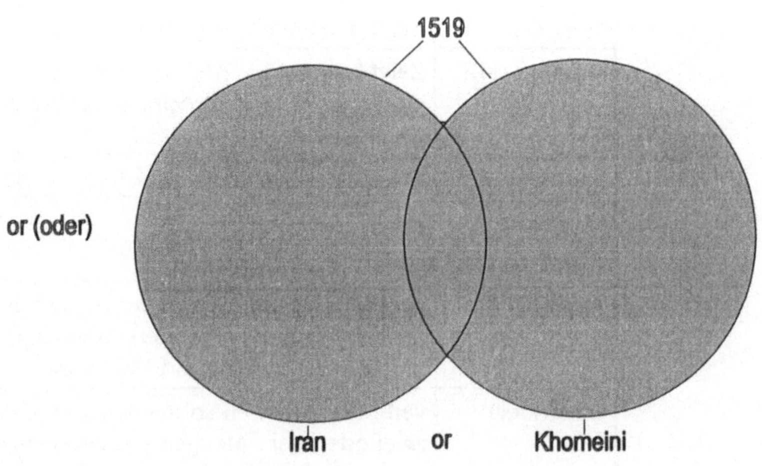

Bild 9.33: Beispiel 2 für boolsche Verknüpfung

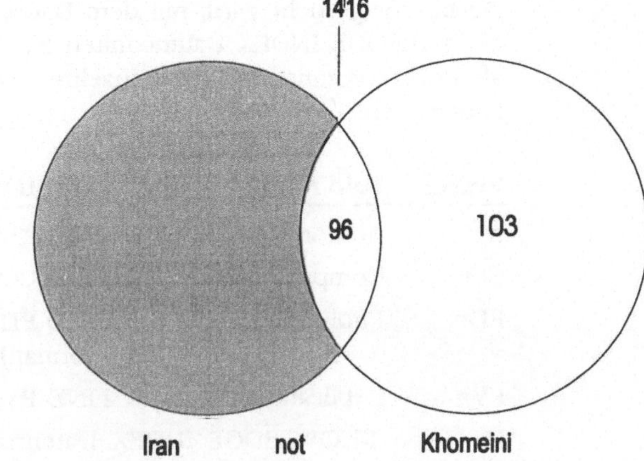

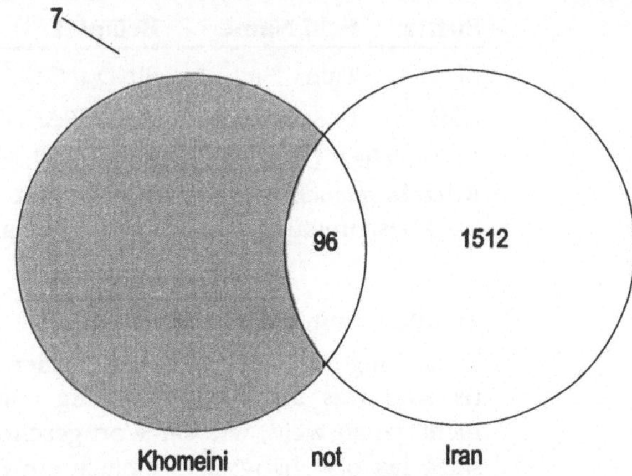

Stoppworte

Die folgenden Stoppworte werden bei der Suche nicht berücksichtigt: an, and, by, for, from, of, the, to, with.

Datenfelder

Das Retrieval kann auf bestimmte Datenfelder beschränkt oder ausgedehnt werden. Find AU=LAQUEY? beschränkt die Suche auf das Autorenfeld. "Find internet and AU=LAQUEY?" verbindet das Kriterium "internet", das in den (Freitext-) Feldern Titel, Abstract und

Deskriptor gesucht wird, mit dem Datenfeld Autor. In den meisten KNOWLEDGE INDEX Datenbanken kan man die folgenden Kürzel als Präfixe voranstellen, um einzelne Datenfelder in die Suche einzubeziehen:

Präfix	**Feld Name**	**Beispiel**
AU=	Author	FIND AU=LAQUEY, Tracy
CO=	Company Name	FIND CO=H&R BLOCK?
PD=	Publication Date	FIND PD=930901 (Format:JahrMonatTag)
PY=	Publication Year	FIND PY=1993

In vielen KNOWLEDGE INDEX Datenbanken kan man außerdem die folgenden Kürzel als Suffixe nachstellen, um die Suche auf ein oder mehrere Datenfelder zu beschränken:

Suffix	**Feld Name**	**Beispiel**
/TI	Title	FIND INTERNET/TI
/DE	Descriptor	FIND IRAN/DE

In welcher Datenbank nach welchen Datenfeldern mit welchen Kürzeln gesucht werden kann, erfährt man in der jeweiligen Datenbankbeschreibung, die online verfügbar ist.

Trankierung und Maskierung:

? das Fragezeichen dient zur Trankierung des Suchbegriffs; Computer sind was die Rechtschreibung angeht sehr genau. Wenn man nicht genau weiß, wie ein Wort geschrieben wird, ob ein Name Zusätze hat o.ä., hängt man einfach ein Fragezeichen an den bekannten Wortstamm; dadurch wird der Computer veranlaßt auch verwandte Worte zu suchen. Der Befehl "Find rain?" würde ihn veranlassen alle Wortkominationen mit rain zu suchen, von rain, über rainbird bis zu rainbow.

9.6.2 Die Zeitschriftendatenbank

Um den vollständigen Aufsatz zu erhalten, den wir auf diese Weise gefunden haben, müssen wir uns nun die entsprechende Ausgabe der Zeitschrift "Außenpolitik" besorgen; wir suchen also eine Bibliothek, die die Zeitschrift "Außenpolitik" in ihrem Bestand hat.

Dazu führen wir eine Recherche in der Zeitschriftendatenbank (ZDB) beim Host DBI-LINK durch. Zunächst wird eine Verbindung zu DBI-Link hergestellt, ein Einloggen mit dem öffentlichen Paßwort ist in diesem Falle nicht möglich.

Mit "Base zdb" wird die Zeitschriftendatenbank ausgewählt und mit "Find aussenpolitik/w=1" wird nach Datensätzen gesucht bei denen das Wort "Aussenpolitik" an erster Stelle im Titelfeld steht; das "ß" wird in "ss" aufgelöst.

Bild 9.34: Suche nach „Außenpolitik"

```
find aussenpolitik/w=1

1.00  NUMBER OF HITS IS  3
?
show

1.00/000001 DBI: -ZDB /COPYRIGHT DBI/SBPK
TI: Aussenpolitik <Hamburg> / Deutsche Ausgabe
UT: Zeitschr. für internat. Fragen
UR: (Deutsche Ausgabe)
PP: Hamburg
PU: Interpress-Verl.
PD: 1.1950,Mai -
SS: 0004-8194*0507-3835
BAW: 16          1.1950 - 12.1961 : SIGN.: J 0353-40
(...)
BER: B 795       4.1953,5 - (L=4;21-23;) : SIGN.:
HAM: 18          1.1950 - : SIGN.: X/10425 / Z Pol
HAM: 46          1.1950 - : SIGN.: z pol 700/200 / fc 1503
HAM: 206         1.1950 - : SIGN.: XX 752 / a
HAM: 206     - Beil. zu 9.1958,5 (Einzelsign.) : SIGN.: XX 752 / a
HAM: 705         1.1950 - : SIGN.: Z 00282/pol 001
HAM: H 3         1.1950,Mai - : SIGN.: Z 5450
(...)
```

Die Suche ergibt 3 Treffer, d.h. bei immerhin 3 Datensätzen befindet sich das Wort "Aussenpolitik" an der ersten Stelle im Titel. Mit "Show" lassen wir uns die Datensätze anzeigen. Ein Datensatz enthält die Datenfelder Titel (TI), Untertitel (UT), Erscheinungsort (PP), Verlag (PU), Erscheinungsverlauf (PD), ISS-Nummer (SS) und die Bibliothekssigel der einzelnen Bibliotheken. (In der Abbildung wurden nicht alle Bibliothekssigel dargestellt.) "BAW" steht für Leihverkehrsregion Baden-Württemberg, "BER" für die Region Berlin und "HAM" für die Region Hamburg. "HAM 18" ist die Staats- und Universitätsbibliothek Carl von Ossietzky in Hamburg und "HAM 46" die Staats- und Universitätsbibliothek in Bremen.

Welche Bibliothek hinter welchem Sigel steckt erfährt man mit dem Befehl "INFO" oder dem nachgestellten "?", also mit "Info 18" oder "18?". Befindet sich eine der aufgeführten Bibliotheken in der Nähe, wird man sich den Aufsatz rasch beschaffen können. Wenn der Weg zur Bibliothek jedoch zu weit ist, dann kann man sich eine

Kopie des Aufsatzes, gegen eine entsprechende Gebühr, auch zuschicken lassen (Post oder Fax).

Voraussetzung dafür ist jedoch, daß eine der acht Supplier-Bibliotheken die Zeitschrift in ihrem Bestand hat. Die Kosten für eine Kopie liegen zwischen 8,- und 40,- DM, je nachdem wie eilig man es hat.

9.7 Standard & Poor's Corporate Descriptions plus News und Standard & Poor's Daily News

Die Datenbanken von Standard & Poor's verzeichnen Informationen über große amerikanische Unternehmen. "Standard & Poor's Corporate Deskriptions plus News" gibt Informationen über den Geschäftsverlauf von rd. 12.000 Publikumsgesellschaften und "Standard & Poor's Daily News" verzeichnet aktuelle Firmennachrichten; beide sind Bestandteil des Knowledge Index.

Die Datenbanken wurden ausgewählt, um Informationen über zwei der großen Unternehmen der Online-Informationsindustrie zu erhalten, die Firma H&R Block, ihr gehört der Online-Dienst CompuServe, und die Firma Knight-Ridder, sie besitzt den Host Dialog.

9.7.1 Standard & Poor's Corporate Descriptions plus News

Wir beginnen die Recherche in der Datenbank "Standard and Poor's Corporate Descriptions plus News" ("Begin corp3"), um Informationen über die beiden Firmen, ihre Beteiligungen, Beschäftigte, Umsätze etc. zu erhalten.

Bild 9.35: Recherchebeginn in Datenbank

```
?begin corp3
Now in CORPORATE NEWS (CORP) Section (CORP3) Database
S&P CORP DESCRIP PLUS NEWS_04/26/93
(COPR. 1993 STANDARD & POORS CORP)
?expand co=block?
Ref    Items   Index-term
E1         1   CO=BLOCK (H & R), INC.
E2         1   CO=BLOCK DRUG CO., INC.
E3         0   CO=BLOCK?
E4         1   CO=BLOCKBUSTER ENTERTAINMENT CORP.
E5         1   CO=BLOUNT, INC.
E6         1   CO=BLUE CHIP COMPUTERWARE, INC.
E7         1   CO=BLUE CHIP VALUE FUND, INC.
E8         1   CO=BLUE CIRCLE INDUSTRIES PLC
E9         1   CO=BLUE DIAMOND COAL CO.
E10        1   CO=BLUE DOLPHIN ENERGY CO.
                    For more, enter PAGE
?find co=block (H & R)?
     S1         1  CO=BLOCK (H & R)?
?type s1/l/1
 1/L/1
00000905
Block (H & R), Inc.
4410 Main St.
```

Da nicht klar ist, wie nach der Firma "Block" zu suchen ist, sehen wir mit dem Befehl "Expand" zunächst im Index der Datenbank nach; mit "Find CO=" schränken wir die Suche auf das Datenfeld "Firmennamen" (CO: Corporation) ein. Der gefundene Datensatz wird im Format "L" ausgegeben, weil er einige Seiten umfaßt, ist er hier gekürzt wiedergegeben.

```
00000905
Block (H & R), Inc.
4410 Main St.
Kansas City, MO 64111
USA
TELEPHONE:  816-753-6900
TYPE OF COMPANY: Industrial
CUSIP:  093671
THIS IS AN SP 500 COMPANY.
STOCK TICKER:  HRB
PRIMARY STOCK EXCHANGE:  NYS  (New York Stock Exchange)
EMPLOYEES:            3700
SHAREHOLDERS:        31615
INCORPORATION YEAR:     1946
INCORPORATION LOCATION:  MO

PRIMARY SIC CODE:
7291  Tax return preparation services

SECONDARY SIC CODE(S):
7363  Help supply services
7372  Prepackaged software
7375  Information retrieval services
```

```
8299  Schools & educational services, not elsewhere classified

                              RECENT NEWS

NEWS TABLE OF CONTENTS-

DATE        TITLE
------      ------------------------------------------------------
12 Mar 93   Interim Consol. Earns.: Jan. '93
30 Nov 92   Interim Consol. Earns.: Oct. '92
31 Aug 92   Interim Consol. Earns.: July '92

                     CAPITALIZATION (Apr. 30 '92)

LONG TERM DEBT-  None.
STOCK OUTSTANDING-                       Auth. Shs.  Outstg. Shs.
Common no par......................*200,000,000  @106,597,697
*Incl. 4,835,777 optioned to employees, with 14,189,990 for future
grants.
@Excl. 2,375,002 in treas.

                          CORPORATE BACKGROUND

BUSINESS DESCRIPTION-
Company operates and franchises others to operate a nationwide system of
offices engaged in the preparation of federal and any required state or
local income tax returns for others. Apr. 15, 1992, there were 9,228 H &
R Block offices in operation mainly in 50 states, D.C., Canada, Austra-
lia and Europe, of which 4,264 were operated by Co. and 4,964 operated
by franchisees.
Subsidiaries provide classroom courses in tax preparation; offer
seminars for real estate tax; and provide computer information and
networking, services to corporations and individual personal computer
owners, and busness management and presentation graphics software; and
temporary help services thruout the U.S.
Tax operations provided 51.2% of the operating revenues for fiscal 1992
(53.5% in fiscal 1991), temporary help services 28.2% (22.4%), computer
services 20.6% (21.2%), and other Nil (2.9%).
EMPLOYEES-  Apr. 30, 1992, 3,700 permanent; apx. 89,400 in 1991.

SUBSIDIARIES-  wholly owned-
Block (H&R) Canada, Inc.
Collbar Ltd.
Vicanna Corp. Ltd.
```

```
M.L. Mahoney Co. Ltd.
Access Technology, Inc.
BWA Advertising, Inc.
PPA Acquisition Corp.
J. B. Grossman, Inc.
Interim Services Inc.
Medical Personnel Pool, Inc.
Rich Field Agency, Inc.
I.A.A. Advertising, Inc.
Aleta McGhee & Associates, Inc.
Medical Personnel Pool (Canada) Ltd.
AB Personnel Pool Ltd.
Victor Temporary Services, Ltd.
PM Industries, Inc.
Path Management Industries (Canada) Inc.
CompuServe Inc.
Collier-Jackson, Inc.
CompuPlex Inc.
Company also has numerous other subsidiaries with H & R Block,
CompuServe, and Interim in their titles.

INCORPORATED in Mo. July 27, 1955, as successor to a business founded in
1946.
Oct. 28, 1988, acquired all shares of Access Technology Inc. for
2,164,544 shs. of Co.'s Com. Jan. 22, 1991, acquired all shares of
Interim Systems Corp., a provider of personnel on a temporary basis, for
$49,465,000 in cash.
(...)
```

Datenfelder von Standard & Poor's Corporate Descriptions plus News

Präfix

CO: Firmenname

PC: Primäre SIC Code

SC: Sekundärer SIC Code

ST: Bundesstaat

TS: Ticker Symbol

IB: Bruttoeinnahmen

NI: Nettoeinnahmen

SA: Einnahmen nach Steuern

Suffix

/CO Firmenname

/DE SIC Beschreibung

Anschließend suchen wir nach der Firma Knight-Ridder ("find co=knight-ridder?"); das Fragezeichen dient der Trankierung, um nachgestellte Bezeichnungen wie "corp.", "inc" u.ä. einzubeziehen.

Bild 9.36: Trankierung mit „?"

```
?find co=knight-ridder?
     S2        1  CO=KNIGHT-RIDDER?
?type s2/1/1

 2/L/1
00009271
Knight-Ridder, Inc.
One Herald Plaza
Miami, FL 33132-1693
(...)
?begin corp1

Now in CORPORATE NEWS (CORP) Section (CORP1) Database
S&P Daily News_85-93/May 5
(COPR. 1993 STANDARD & POORS CORP.)

?find co=knight-ridder? and data-star?
             147  CO=KNIGHT-RIDDER?
           21160  DATA
            3445  STAR?
               1  DATA STAR?
      S1       1  CO=KNIGHT-RIDDER? AND DATA-STAR?
```

Den gefundenen Datensatz lassen wir uns mit "Type" im Format "L" ausgegeben. Auch hier ist nur ein Teil des kompletten Datensatzes abgedruckt.

```
00009271
Knight-Ridder, Inc.
One Herald Plaza
Miami, FL 33132-1693
USA
TELEPHONE:  305-376-3800
TYPE OF COMPANY: Industrial
CUSIP:  499040
THIS IS AN SP 500 COMPANY.
STOCK TICKER:  KRI
PRIMARY STOCK EXCHANGE:  NYS  (New York Stock Exchange)

S&P NON-CONVERTIBLE BOND RATING(S): AA-
(See BOND DESCRIPTIONS for details and RECENT NEWS for possible bond
rating changes.)
EMPLOYEES:           20000
SHAREHOLDERS:        10599

INCORPORATION YEAR:     1915
INCORPORATION LOCATION:  FL
```

```
PRIMARY SIC CODE:
2711  Newspapers; publishing, or publishing and printing

SECONDARY SIC CODE(S):
4822  Telegraph & other message communications
4833  Television broadcasting stations
4841  Cable and other pay TV services
7375  Information retrieval services


                          RECENT NEWS

NEWS TABLE OF CONTENTS-
DATE        TITLE
-------   -------------------------------------------------------
22 Apr 93   Interim Consol. Earns.: Mar. '93
02 Mar 93   Acquires Data-Star Online Information Service
02 Feb 93   Fourth Quarter and Annual Earns.: Dec. '92
10 Dec 92   Plans to Adopt New Accounting Rules and Record Charge
            Against Earnings, Estimates 1992 Earnings
22 Oct 92   Interim Consol. Earns.: Sept. '92
30 Sep 92   Certain Debt of Storer Communication Inc. to Become
            Payable, Comcast Corp. and Tele-Communications Inc.
            Seek Funds to ""Split'' Storer
21 Jul 92   Interim Consol. Earns.: June '92
21 Apr 92   Interim Consol. Earns.: Mar. '92


                   CAPITALIZATION (Dec. 29 '91)

LONG TERM DEBT-  $612,329,000 (incl. curr. portion), incl. $100,000,000
8% Notes, due Apr. 15, 1996 (S&P Rating AA-; at Mar. 31, 1992),
$160,000,000 8 ½% Notes, due Sept. 1, 2001 (S&P Rating AA-; at Mar. 31,
1992), and $200,000,000 9 7/8% Debs., due Apr. 15, 2009 (S&P Rating AA-;
at Mar. 31, 1992).
REVOLVING CREDIT AGREEMENT provided up to $515,000,000 at Dec. 29, 1991.
STOCK OUTSTANDING-                      Auth. Shs.  Outstg. Shs.
Preference $1 par.......................20,000,000          None
Common $0.02 1/12 par.................*250,000,000    53,571,282
*Incl. 3,933,529 optioned to employees, with 1,510,643 for future
grants; and 759,362 for employee stk. purchase plan.


                      CORPORATE BACKGROUND
```

```
BUSINESS DESCRIPTION-
Company, at Dec. 31, 1991, published 28 daily newspapers and 3 non-daily
newspapers. Other activities include business news and information
services, electronic retrieval services, graphics and photo services,
cable television and newsprint manufacturing.
Newspaper operations are conducted at publishing facilities (virtually
all owned) in 26 cities in 16 states.
PARTNERSHIPS-  % owned- Detroit Newspaper Agency (50%); Southeast Paper
Manufacturing Co. (33 1/3%); Knight-Ridder Tribune News Services (50%);
SCI Cable Partners (50%); TKR Cable Co. (50%); Fort Wayne Newspaper
Agency (55%); Ponderay Newsprint Co. (13 ½%); SCI Holdings, Inc. (7 ½%).
EMPLOYEES-  Dec. 31, 1991, apx. 20,000.
SUBSIDIARIES-  wholly owned or noted-
KR Newsprint Co.
News Publishing Co.
Fort Wayne Newspapers, Inc. (55%)
Detroit Free Press, Inc.
Miami Herald Publishing Co.
Portage Graphics Co.
Boca Raton News, Inc.
San Jose Mercury News, Inc.
Silicon Valley D.A.T.A., Inc.
VU/TEXT Information Services, Inc.
Beacon Journal Publishing Co.
Keynoter Publishing Co., Inc.
Knight News Services, Inc.
Knight Publishing Co.
Observer Transportation Co.
Lexington Herald-Leader Co.
Macon Telegraph Publishing Co.
Drinnon, Inc.
R.W. Page Corp.
Bradenton Herald, Inc.
Nittany Printing & Publishing Co.
Philadelphia Newspapers, Inc.
Circom Corp.
Ridder Publications, Inc.
KR Land Holding Corp.
Knight-Ridder Business Information Services, Inc.
Commodity News Services, Inc.
Commodity News Services (Int'l), Inc.
Dialog Information Services, Inc.
Aberdeen News Co.
Boulder Publishing, Inc.
Grand Forks Herald, Inc.
Northwest Publications, Inc.
Post-Tribune Publishing, Inc.
State-Record Holding Co.
```

```
Gulf Publishing Co., Inc.
Newberry Publishing Co., Inc.
State-Record Co., Inc.
Sun Publishing Co., Inc.
Twin Cities Newspaper Service, Inc.
Twin Coast Newspapers, Inc.
P.T. Sales & Marketing, Inc.
Journal of Commerce, Inc.
Wichita Eagle & Beacon Publishing Co., Inc.
Tallahassee Democrat, Inc.
Tribune Newsprint Co.
PressLink Corp.
Co. has several other subsidiaries with Knight-Ridder in their titles.
AFFILIATES- (% owned)-
Newspapers First (33 1/3%)
Seattle Times Co. (49.5%)

INCORPORATED in Fla. in 1976 as KRN, Inc., a wholly owned subsidiary of
Knight-Ridder Newspapers, Inc.; Aug. 31, 1976, merged parent share-for-
share and adopted latter's title. Name changed to present title Apr. 29,
1986.
Former parent was incorporated in Ohio in 1941 as a consolidation of the
Beacon Journal Co. and Detroit Free Press, Inc. Knight organization had
its origin in 1915. Name changed from Knight Newspapers, Inc. to present
title Nov. 30, 1974, on acquisition of all shs. of Ridder Publications,
Inc. Ridder published 17 daily newspapers in the western and midwestern
U.S.
 (...)
```

Mit den Datenfeldern "IB", "NI" und "SA" kann nach Firmen mit bestimmten Einnahmegrößen und mit dem "SIC" (Standard Industrial Classification) Code nach Firmen aus bestimmten Branchen gesucht werden. Die SIC Codes sind im SIC-Manual der US-Regierung verzeichnet. Eine Recherche in dieser Datenbank könnte also z.B. Firmen einer bestimmten Umsatzgröße aus einer bestimmten Branche in einem oder einer Reihe von Bundesstaaten ermitteln.

9.7.2 Standard & Poor's Daily News

"Standard & Poor's Daily News" verzeichnet aktuelle Firmeninformationen; Anfang des Jahres kaufte die Firma Knight-Ridder den schweizer Host Data Star; wir suchen nach Nachrichten über diese Transaktion. Die Datenbank wird mit "begin corp1" ausgewählt; mit "find" wird nach Nachrichten gesucht in denen die Begriffe "Knight-

Ridder" (147) und "Data-Star" (1) gemeinsam (1) vorkommen. Ergebnis ist ein Datensatz, der über die Transaktion berichtet.

Bild 9.37: Anzeige des Suchergebnisses

```
?type s1/1/1

 1/L/1
1154584
KNIGHT-RIDDER INC.  930302

Acquires Data-Star Online Information Service-
Mar. 1, 1993, Co. announced that it acquired the Data-Star online
information service business of Motor-Columbus, a Swiss engineering
concern. Co. said that it will operate the service and sales areas of the
acquired  business jointly with the Dialog Information Services Inc.,
subsidiary. (Standard & Poor's News)
  SIC Code: 2711
  Event: Mergers & Acquisitions  (M&A)
Ticker: KRI            CUSIP: 499040          Company No: 00009271

?logoff

Menu system 6.15C ends.
       06Datum93 14:41:54 User421502 Session B613.6
     $X.YY    0.XXX Hrs FileKI
     $X.YY  Estimated total session cost   0.XXX Hrs.
Logoff: level 30.03.01 B  14:41:54
```

Datenfelder von Standard & Poor's Daily News

Präfix

CO: Firmenname

EC: Ereignis Code

EN: Ereignis

PD: Veröffentlichungsdatum (Format:JahrMonatTag)

PY: Veröffentlichungsjahr

SC: SIC Code

TS: Ticker Symbol

Suffix

/YYYY: Veröffentlichungsjahr

/DE: Ereignis

/TI: Schlagzeile

Mit "logoff" wird die Verbindung mit der Datenbank und dem KI beendet. Anschließend erscheint die Meldung, wie lange die Recherche gedauert (O.XXX Hours) hat und wie teuer ($X.YY Estimated total session cost) sie geworden ist.

10 Internet-Ressourcen

Das Intenet verfügt über keine zentrale Verwaltung und es gibt auch kein regelmäßig erscheinendes Verzeichnis aller über das Netz erreichbaren Datenbanken und Informationsquellen. Um über das wachsende und wechselnde Angebot auf dem Laufenden zu bleiben, wurden von verschiedenen Stellen verschiedene Formen entwickelt. Im wesentlichen handelt es sich um 2 unterschiedliche Informationskonzepte.

Zum einen gibt es Verzeichnisse in Form von Dateien, die thematisch und/oder alphabetisch unterschiedliche Informationsangebote auflisten. Zum anderen gibt es spezielle Programme, die über Netzressourcen informieren, Dateien kopieren und mit anderen Rechnern direkt eine Verbindung herstellen.

Im folgenden werden einige Beispiele für die verschiedenen Informationskonzepte gegeben und gezeigt wie man sie nutzen kann.

10.1 Informationsverzeichnisse

Ein Weg, um Verzeichnisse in Form von Dateien zu erhalten, ist das File Transfer Protocol (FTP); mit seiner Hilfe stellt man eine Verbindung zu dem fremden Rechner her, auf dem die Dateien gespeichert sind, die man haben will und kopiert sie auf seinen eigenen Rechner.

Ein anderer Weg ist die E-Mail, vor allem dann, wenn man keinen direkten Internet-Zugang hat, aber auf ein Netz Zugriff hat, das mit dem Internet verknüpft ist; in diesem Fall verschickt man einen speziellen Befehl per E-Mail an einen fremden Rechner und erhält die gewünschte Datei per E-Mail zugeschickt.

10.1.1 Scott Yanoff's "Special Internet Connections"

Scott A. Yanoff (University of Wisconsin, Milwaukee) hat eine Liste von Internet-Verbindungen zusammengestellt, die seit 2 Jahren fortlaufend aktualisiert wird. Sie listet in alphabetischer Reihenfolge

Informationsressourcen von “Agricultural Info” über “Library Catalogs” bis zu “White House Summaries” auf; gedruckt ergibt sie rd. 10 DIN-A-4 Seiten. Scott Yanoff's “Special Internet Connections” findet sich als Datei “inet.services.txt” im Verzeichnis “/pub/” auf dem Rechner “csd4.csd.uwm.edu”. Um diese Datei zu erhalten, stellen wir per “FTP” eine Verbindung zum fremden Rechner (“ftp csd4.csd.uvm.edu”) her.

Bild 10.1: Verbindungsaufnahme mit Fremdrechner

```
rzaix01 $ftp csd4.csd.uwm.edu
Connected to csd4.csd.uwm.edu.
220 csd4.csd.uwm.edu FTP server (ULTRIX Version 4.1 Tue Mar 19 00:38:17 EST 199.
Name (csd4.csd.uwm.edu:hs3a510):         anonymous
331 Guest login ok, send ident as password.
Password:
230 Guest login ok, access restrictions apply.
ftp> pwd
257 "/" is current directory.
ftp> cd
(remote-directory) /pub/
250 CWD command successful.
ftp> dir
200 PORT command successful.
150 Opening data connection for /bin/ls (134.100.3.1,1950) (0 bytes).
total 4105
-rwxr-xr-x  1 925   -2            6953 Oct  4 21:51 .cache
-rw-r--r--  1 925   -2           19439 Oct  4 12:43 .cache+
(...)
-rwxr-xr-x  1 4494  -2           47515 Oct  1 10:27 inet.services.html
-rwxr-xr-x  1 4494  -2           35521 Oct  1 10:27 inet.services.txt
-rwxr-xr-x  1 4494  -2           26066 Oct  1 10:20 internetwork-mail-guide
(...)
226 Transfer complete.
```

Tabelle 10-1: Einige FTP-Befehle

Befehl	Erläuterung
?	wie help
ascii	setzt die Datenübertragungsart auf ASCII-Code; ist in der Regel die Voreinstellung
binary	setzt die Datenübertragungsart auf binär
bye	wie quit
cd	wechselt das Verzeichnis beim fremden Rechner
dir	zeigt den Inhalt des Verzeichnisses des fremden Rechners ausführlich
get	kopiert eine Datei von einem fremden auf den eigenen Rechner
help	gibt eine kurze Beschreibung der Befehle
	... Fortsetzung: nächste Seite

Befehl	**Erläuterung**
lcd	wechselt das Verzeichnis des eigenen Rechners
lls	zeigt das Verzeichnis des eigenen Rechners
ls	zeigt den Inhalt des Verzeichnisses des fremden Rechners in Kurzform
put	kopiert eine Datei vom eigenen auf den fremden Rechner
pwd	zeigt das Verzeichnis des fremden Rechners, in dem man sich befindet
quit	beendet die FTP-Verbindung
type	zeigt die aktuelle Datenübertragungsart an

Der fremde Rechner meldet sich und fordert zum Login auf indem er nach unserem Namen fragt. Wir geben als Namen "anonymous" ein, anschließend teilt der Rechner mit, daß er den Gastzugang gestattet ("Guest login ok") und dafür unsere E-Mail Adresse als Paßwort erwartet ("send ident as password"). Nachdem wir unsere E-Mail Adresse angegeben haben sind wir als Gast akzeptiert ("Guest login ok"). Wenn auf dem Internet Dateien öffentlich zugänglich sind und per FTP kopiert werden können, dann bedeutet das, daß man mit dem Login "anonymous" und der E-Mail Adresse als Paßwort, Zutritt zum öffentlichen Bereich des fremden Rechners erhält.

Zunächst stellen wir fest in welchem Verzeichnis wir uns auf dem fremden Rechner befinden, wir geben den Befehl "pwd" (print working directory) ein, und es wird das aktuelle Verzeichnis angezeigt ("/"). Unser Ziel ist das Verzeichnis "/pub/", in das wir mit dem Befehl "cd" wechseln. Der fremde Rechner fragt uns nach dem Verzeichnis, in das wir wechseln wollen, und wir geben "/pub/" ein. Uns wird mitgeteilt, daß der Wechsel erfolgreich war; wir befinden uns in dem Verzeichnis "pub" und sehen uns zunächst einmal den Inhalt des Verzeichnisses mit dem Befehl "dir" an, um festzustellen, ob sich die Datei, die wir suchen auch hier befindet.

Anschließend kopieren wir sie mit dem Befehl "get" ("get inet.services.txt") auf unseren eigenen Rechner.

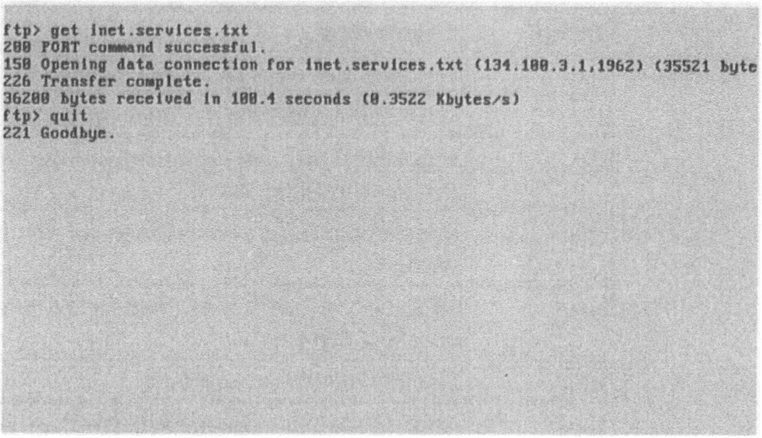

Bild 10.2: Gesuchte Datei mit „get" kopieren

```
ftp> get inet.services.txt
200 PORT command successful.
150 Opening data connection for inet.services.txt (134.100.3.1,1962) (35521 byte
226 Transfer complete.
36200 bytes received in 100.4 seconds (0.3522 Kbytes/s)
ftp> quit
221 Goodbye.
```

Der Dateiname muß genauso geschrieben werden wie er im Verzeichnis steht, zwischen Groß- und Kleinschreibung wird genau unterschieden. Nach der Datenübertragung wird die Verbindung mit "quit" beendet und der fremde Rechner verabschiedet sich.

10.1.2 Ein Verzeichnis von Online-Bibliothekskatalogen

Billy Barron und Marie-Christine Mahe (Yale University) haben OPACs aus der ganzen Welt alphabetisch aufgelistet, die online (nicht nur per Internet) erreichbar sind. Ihre Verzeichnisse, die nach Erdteilen (Afrika, Amerika, Europa usw.) sortiert sind und forlaufend aktualisiert werden, können per FTP kopiert werden.

Wir stellen zunächst per FTP die Verbindung zum fremden Rechner her, wechseln in das Verzeichnis "/library/" und kopieren dann die Datei, die die amerikanischen Online-Bibliothekskataloge verzeichnet ("libraries.americas").

Bild 10.3: Verbindungsaufnahme mit „FTP"

```
ftp ftp.unt.edu
Connected to mercury.unt.edu.
220 mercury FTP server (SunOS 4.1) ready.
Name (ftp.unt.edu:hs3a510): anonymous
331 Guest login ok, send ident as password.
Password:
230 Guest login ok, access restrictions apply.
ftp> cd
(remote-directory) /library/
250 CWD command successful.
ftp> dir
200 PORT command successful.
150 ASCII data connection for /bin/ls (134.100.3.1,1971) (0 bytes).
total 343
(...)
-r--r--r--  1 0    1         1858 Sep 25 02:01 libraries.africa
-r--r--r--  1 0    1       170696 Sep 25 02:01 libraries.americas
-r--r--r--  1 0    1        20345 Sep 25 02:01 libraries.asia
(...)
-r--r--r--  1 0    1        80761 Sep 25 02:01 libraries.europe
-r--r--r--  1 0    1        39063 Aug 12 16:24 libraries.instructions
-r--r--r--  1 0    1         2004 Aug 11 13:05 libraries.intro

(...)
```

Bild 10.4: Kopie erfolgreich durchgeführt

```
226 ASCII Transfer complete.
ftp> get libraries.americas
200 PORT command successful.
150 ASCII data connection for libraries.americas (134.100.3.1,1972) (170696 byte
226 ASCII Transfer complete.
187357 bytes received in 388.5 seconds (0.471 Kbytes/s)
ftp> quit
221 Goodbye.
```

10.1.3 Ein Verzeichnis elektronischer Journale

Die Möglichkeiten, die das Internet und die damit verbundene Netzmatrix bietet, hat bereits zu neuen Publikationsformen geführt. Durch das Entstehen einer miteinander vernetzten Gemeinschaft können Meinungen, Thesen, Arbeits- und Forschungsergebnisse ohne den Umweg über ein gedrucktes Medium online zirkulieren.

So sind in den letzten Jahren elektronische Journale entstanden, die man abonnieren und per E-Mail erhalten kann. Michael Strangelove (Universität Ottawa) hat ein Verzeichnis elektronischer Journale zusammengestellt, das fortlaufend aktualisiert wird.

Das Verzeichnis umfaßt 2 Dateien (ejournl1 und ejournl2), die man per E-Mail bestellen kann. Man sendet die Befehle "GET ejournl1 directry" in der 1. Zeile und "GET ejournl2 directry" in der 2. Zeile der Nachricht an die Adresse "listserv@uottawa.bitnet" und erhält postwendend die beiden Dateien zugeschickt.

Bild 10.5: Dateien via „get" anfordern

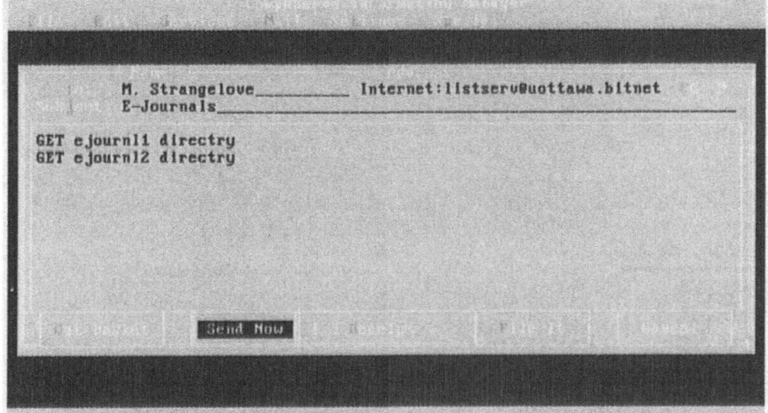

Wie das Kürzel "bitnet" zeigt ist der Rechner in diesem Falle auf dem Bitnet beheimatet. Im abgebildeten Beispiel wird die E-Mail mit dem CIM hergestellt und via CompuServe verschickt. Von CompuServe aus werden Bitnet-Rechner wie Internet-Rechner adressiert.

10.2 Informationsprogramme

Neben Verzeichnisdateien gibt es unterschiedliche Hilfsprogramme, die über Netzressourcen informieren und mit ihnen verbinden. Verbreitet sind neben anderen die Programme Gopher und Archie, die im folgenden kurz vorgestellt werden.

10.2.1 Gopher

Ein verbreitetes Informationsprogramm ist „Gopher". Es bietet Informationen an, kopiert Dateien und verbindet mit fremden Rechnern. Damit man Gopher nutzen kann, braucht man einen Rechner auf dem ein Gopher-Programm installiert ist. Verfügt der eigene Rechner über keinen Gopher so kann man auf Gopher auch über „telnet" zugreifen. Wir rufen zunächst den Gopher-Server mit dem

Befehl „gopher“ auf und es erscheint ein Benutzermenü, das über das Angebot des aufgerufenen Gopher-Programms informiert.

Bild 10.6: Programminformation im Benutzermenü

```
   1.  Arbeiten_mit_Gopher.
   2.  Betriebshinweise/
   3.  Mathematik/
   4.  RZMEMO-Artikel/
   5.  Rechenzentrum/
   6.  Statistik/
-->    7.  X_terne_Gopherwelt/


1.  AIX Listserv/News Archiv (Augsburg)/
2.  Gopher around the world/
3.  MAG Bulletin Board Services/
4.  PLZ - Die neuen Postleitzahlen/
-->5.  Veronica (search menu items in most of GopherSpace)/
6.  gopher software/
```

Neben Informationen bietet es eine Verbindung zur äußeren Gopherwelt („X_terne_Gopherwelt“) an. Mit mit Veronica (Very Easy Rodent-Oriented Net-wide Index to Computerized Archives) in Punkt 5 steht außerdem eine spezielles Suchprogramm zur Verfügung mit dessen Hilfe nach Dateien gesucht werden kann, die in öffentlichen Bereichen zur Verfügung stehen; dabei indiziert Veronica den Dateinamen, nicht den Dateiinhalt.

10.2.2 Archie

Archie ist sowas wie der Internet-Archivar. Das Programm verzeichnet Dateien, die öffentlich per FTP (anonymous) von Rechnern auf der ganzen Welt zur Verfügung gestellt werden. Im Laufe eines Monats fragt Archie die öffentlichen FTP-Bereiche (FTP-Sites) ab und indiziert die Dateien anhand ihres Namens, nicht ihres Inhalts.

Es gibt Archie-Systeme, die „FTP-Sites“ regional oder national und anderer die sie weltweit abfragen. Weltweit arbeitende Archies fragen jeden Monat rd. 1200 FTP-Sites ab und speichern Informationen über rd. 2 Mio. Dateien aus allen Fachgebieten.

Um Archie zu nutzen wählt man das nächstliegenden Archie-System per telnet an. Das Archie-System der TH-Darmstadt erreichen wir mit „telnet archie.th.darmstadt.de“.

Bild 10.7: Archie per „telnet" anwählen

```
rzaix01 $telnet archie.th-darmstadt.de
Trying...
Connected to archie.th-darmstadt.de.
Escape character is '^]'.

AIX telnet (rs0.hrz.th-darmstadt.de)
IBM AIX Version 3 for RISC System/6000
(C) Copyrights by IBM and by others 1982, 1991.

login: archie

   Welcome to archie.th-darmstadt.de. This is an IBM320H running AIX 3.2

Last login: Fri Oct  8 11:52:01 1993 on pts/6 from hp1.uni-rostock.de
# Message of the day from the localhost Prospero server:

                 Welcome to archie.th-darmstadt.de

            E-mail: archie-admin@archie.th-darmstadt.de

     Archie has moved to another system. We had some problems on saturday,18th
```

Als Login geben wir „archie" ein. Mit dem Befehl „prog" wird nach einer Zeichenfolge gesucht, wir suchen nach dem Wort „Kennedy". Anschließend erhalten wir eine Liste (gekürzt), die die archivierten Dateien mit dem Wort „Kennedy" in der Dateibezeichnung aufführt.

Bild 10.8: Suchen nach „Kennedy" mit prog

```
# Bunyip Information Systems, 1993
# Terminal type set to `vt100 24 80'.
# `erase' character is `^H'.
# `search' (type string) has the value `sub'.

th-archie> prog kennedy
# Search type: sub.
# Your queue position: 1
# Estimated time for completion: 00:02
working...

Host ftp.luth.se    (130.240.18.2)
Last updated 16:03  8 Sep 1993

  Location: /pub/misc/lyrics/d
    DIRECTORY    drwxr-xr-x      512 bytes  11:50 15 Apr 1993  dead.kennedys

Host lth.se    (130.235.20.3)
Last updated 22:22  6 Oct 1993

  Location: /pub/netnews/sys.sun/volume90/feb
    FILE     -r--r--r--     1811 bytes  01:00  7 Feb 1990  Kennedy.Tape.Drives

  Location: /pub/netnews/sys.sun/volume90/jan
```

Bild 10.9: Liste der gefundenen Einträge

```
    FILE    -r--r--r--     1254 bytes  01:00 29 Jan 1990  Kennedy.Tape.Drives

    Location: /pub/netnews/sys.sun/volume90/may
      FILE    -r--r--r--     3351 bytes  01:00  2 May 1990  Kennedy.Tape.Drive.Su

Host unix.hensa.ac.uk    (129.12.21.7)
Last updated 22:02  7 Oct 1993

    Location: /pub/uunet/doc/literary/obi/USG/Inauguration
      FILE    -rw-r--r--     4670 bytes  10:15  3 May 1993  John.F.Kennedy.Z

Host unix.hensa.ac.uk    (129.12.21.7)
Last updated 22:02  7 Oct 1993

    Location: /pub/uunet/doc/political/democrats/clinton
      FILE    -rw-r--r--     4433 bytes  01:00 13 Aug 1992  Ted.Kennedy.Z

th-archie> quit
# Bye.
Connection closed.
```

Aufgeführt wird der Host, seine Adresse, dann das bzw. die Verzeichnisse, in dem sich die Datei befindet. Die Dateien zum Stichwort Kennedy reichen von der Musik-Gruppe „Dead Kennedys“ über „John F.Kennedy“ bis hin zu „Ted. Kennedy“. Anschließend wird mit „quit“ die Verbindung beendet. Um zu erfahren wie man mit Archie arbeiten kann, stellt man per telnet wie oben beschrieben eine Verbindung her, gibt „help“ ein und erhält eine Benutzerbeschreibung. Man kann eine Beschreibung aber auch per E-Mail erhalten indem man die Nachricht „help“ an „archie@archie.thdarmstadt.de“ oder einen anderen Archie-Rechner auf der Welt schickt.

Anhang A: Online-Ressourcen

1 Allgemein

DBI-LINK, Berlin
Datex-P: 45 300 040 020
WIN: 45 050 130 160
Internet: dbi.cpt.gmd.de (192.88.108.104)
Logon: o dbilink
Paßwort: dbilink

ECHO, Luxemburg
Datex-J: *33255#
Datex-P: 0270 448 112
EUROPAnet: 204 370 310 099
Internet: echo.lu (158.64.1.36)
Logon: ECHO

LOCIS - Library of Congress, Washington D.C. (USA)
Internet: locis.loc.gov (140.147.254.3)
Mo-Fr 6.30 - 21.30
Sa 8.00 - 17.00
So 13.00 - 17.00

Universitätsbibliothek Bielefeld

Universitätsstr. 25, 33615 Bielefeld

Datex-P: 45 050 210 700

WIN: 45 050 210 700

Internet: omniware.ub.uni-bielefeld.de (129.70.4.55)

(VT-200 Terminal)

Logon: c omniware.ub

Paßwort: omniware

Universitätsbibliothek Erlangen Nürnberg

Universitätsstr. 4, 91054 Erlangen

Datex-P: 45 913 144 303

WIN: 45 050 385 303 oder 45 050 986 303

Internet :faui43.informatik.uni-erlangen.de (131.188.2.43)

Logon: ELIS

Universitätsbibliothek der Bundeswehr

Holstenhofweg 85, 22043 Hamburg

Datex-P: 45 050 150 02

WIN: 45 050 130 026 oder 45 050 150 03

Internet: rzt01.unibw-hamburg.de (139.11.10.1)

Logon: k.

Universitätsbibliothek Heidelberg

Plöck 107-109, 69117 Heidelberg

Datex-P: 45 050 965 005

WIN: 45 050 965 005

Internet: vm.urz.uni-heidelberg.de (129.206.98.101)

Logon: Heidi (Datex-P und WIN)

Logon: dial vtam (Internet)

Paßwort: cicsub

Universitätsbibliothek Karlsruhe

Kaiserstr. 12, 76131 Karlsruhe

Datex-P: 45 050 969 540

WIN: 45 050 969 540

Internet (VT-100) : nz20.rz.uni-karlsruhe.de (129.13.96.2)

Internet (VT 3270): ibm3090.rz.uni-karlsruhe.de (129.13.99.1)

Logon: Terminaltyp + logon opac

Universitätsbibliothek Konstanz

Universitätsstr. 10, 78464 Konstanz

Datex-P: 45 050 261 810

WIN: 45 050 261 810

Internet:polydos.uni-konstanz.de.775 (134.34.3.5 775)

Logon: o ttybaer,opch=29cod

Universitätsbibliothek Oldenburg

Uhlhornsweg 49-55, 26129 Oldenburg, Oldb.

Datex-P, WIN und Internet geplant für 1993.

Tel: 0441/798-4064 (bis 300 Baud)

0441/798-4068 (1200 Baud)

0441/798-4065 (2400 Baud)

Logon: RETURN-Taste nach 2 Sekunden

Universitätsbibliothek Saarbrücken

Am Stadtwald, 66123 Saarbrücken

Datex-P: 45 050 260 601

WIN: 45 050 260 601

Tel(8,N,1):0681/302-6810

Logon: .a logon ub,ub

Zentralbibliothek der Wirtschaftswissenschaften
Düsternbrooker Weg 120, 24105 Kiel
Anmeldung erforderlich!
Datex-P: 45 050 150 110 und 45 050 150 111
WIN: 45 050 150 110 und 45 050 150 111
Internet: econis.cpt.gmd.de (192.88.108.115)

2 Spezielle Internet-Ressourcen

2.1 Telnet

ARCHIE
(Logon: archie)
telnet archie.au bzw. 139.130.4.6 (Australien)
telnet archie.edvz.uni-linz.ac.at bzw. 140.78.3.8 (Austria)
telnet archie.univie.ac.at bzw. 131.130.1.23 (Austria)
telnet archie.funet.fi bzw. 128.214.6.102 (Finland)
telnet archie.th-darmstadt.de bzw. 130.83.128.111 (Germany)
telnet archie.kuis.kyoto-u.ac.jp bzw. 130.54.20.1 (Japan)
telnet archie.sogang.ac.kr bzw. 163.239.1.11 (Korea)
telnet archie.nz bzw. 130.195.9.4 (New Zealand)
telnet archie.luth.se bzw. telnet 130.240.18.4 (Sweden)
telnet archie.ncu.edu.tw bzw. telnet 140.115.19.24 (Taiwan)
telnet archie.doc.ic.ac.uk bzw. 146.169.11.3 (UK/Ireland)
telnet archie.sura.net bzw. 128.167.254.194 (USA [MD])
telnet archie.unl.edu bzw. 129.93.1.14 (USA [NE])
telnet archie.ans.net bzw. 147.225.1.10 (USA [NY])
telnet archie.rutgers.edu bzw. 128.6.18.15 (USA [NJ])

GOPHER

(Logon: gopher)

telnet camsrv.camosun.bc.ca bzw. telnet 134.87.16.4	(Canada)
telnet tolten.puc.cl bzw. telnet 146.155.1.16	(Chile)
telnet gopher.denet.dk bzw. telnet 129.142.6.66	(Denmark)
telnet gopher.th-darmstadt.de bzw. telnet 130.83.55.75	(Germany)
telnet ecnet.ec bzw. telnet 157.100.45.2	(Ecuador)
telnet gopher.uv.es bzw. telnet 147.156.1.12	(Spain)
telnet gopher.isnet.is bzw. telnet 130.208.165.63	(Icland)
telnet siam.mi.cnr.it bzw. telnet 155.253.1.40	(Italy)
telnet gopher.torun.edu.pl bzw. 158.75.2.5	(Poland)
telnet sunic.sunet.se bzw. telnet 192.36.125.2	(Sweden)
telnet gopher.chalmers.se bzw. 129.16.221.40	(Sweden)
telnet hugin.ub2.lu.se bzw. telnet 130.235.162.12	(Sweden)
telnet uts.mcc.ac.uk	(UK)

2.2 FTP

(Logon: anonymous)

- Verzeichnis von Bibliothekskatalogen (B.Barron/M-C Mahe)

  ftp ftp.unt.edu im Verzeichnis „/library/“ die Dateien „libraries.africa“, „libraries.americas“, „libraries.asia“ und „libraries.europe“.

- Verzeichnis Elektronischer Journale (M. Strangelove)

  ftp panda1.uottawa.ca im Verzeichnis „/pub/religion/“ die Datei „ejournals.txt“

- Verzeichnis von Internet-Ressourcen (S. Yanoff)

  ftp csd4.csd.uwm.edu im Verzeichnis „/pub/“ als Datei „inet.services.txt“

- Elektronische Bücher

Projekt Gutenberg

ftp mrcnext.cso.uiuc.edu bzw. ftp 128.174.201.12 im Verzeichnis „/pub/etext/“ die Datei „OINDEX.GUT“; sie hat die verfügbaren Texte indiziert.

OBS (Online Bookstore)

ftp world.std.com im Verzeichnis „/OBS/The.Internet.Companion/“ findet sich u.a. das Buch von Tracy LaQuey und Jeanne C. Ryer „The Internet Companion“.

2.3 E-Mail

- FTP per E-Mail

  E-Mail an: ftpmail@decwrl.dec.com

  Nachricht: help (return) quit

  E-Mail an: ftpmail@grasp.insa-lyon.fr

  Nachricht: help (Von Europa aus)

  E-Mail an: bitftp@pucc.princeton.edu

  Nachricht: help oder ftplist

  E-Mail an: BITFTP@DEARN oder an: BITFTP@vm.gmd.de (Von Europa aus)

  Nachricht: help oder ftplist

- Archie Mail Servers

  E-Mail an: archie@<eine der Archie-Adressen von oben hier einsetzen>

  Subjekt/Betrifft: help

- Verzeichnis Elektronischer Journale (M. Strangelove)

  E-Mail an: listserv@uottawa

  Nachricht: GET EJOURNL1 DIRECTRY
GET EJOURNL2 DIRECTRY

  E-Mail an: listserv@acadvm1.uottawa.ca

  Nachricht: GET EJOURNL1 DIRECTRY
GET EJOURNL2 DIRECTRY

Anhang B: Der KNOWLEDGE INDEX

Der KNOWLEDGE INDEX (KI) wird zusammen von CompuServe Information Services und Dialog Information Services angeboten. Der KI bietet rd. 1oo Datenbanken vom Anbieter Dialog zu einer ermäßigten Gebühr und ohne Zusatzkosten für angezeigte Datensätze, Abstracts o.ä. an, und ist damit eines der preiswertesten Angebote auf dem Online-Markt. Der Zugang zum KI erfolgt ausschließlich über CompuServe.

Betriebszeiten:	Mo-Fr 18 Uhr bis 5 Uhr (Ortszeit) Fr-Mo 18 Uhr bis 5 Uhr (Ortszeit)
Kein Betrieb:	So 12 Uhr bis 20 Uhr MEZ
Gebühren:	$ 24 pro Stunde ($ 0.40 pro Minute) einschließlich aller angezeigten Datensätze und der CompuServe Verbindungsgebühren bis zu 9600 Baud.
Dokumentbestellung:	Die aufgefundenen Dokumente können z.T. direkt online bestellt werden. Um diesen Service nutzen zu können, muß vor der ersten Bestellung mit Dynamic Information eine entsprechende Vereinbarung getroffen werden. Dynamic Information (CompuServe ID): 76711,1110

Um die Verbindung zum KI herzustellen gibt man einfach „GO KI“ ein, nachdem man mit CompuServe verbunden ist.

1 Die KI Datenbanken nach Sachgebieten

Die nachfolgend aufgeführten Datenbanken bilden den KI. Das Kürzel, das links dem Namen der Datenbank vorangestellt ist, ist die Kurzbezeichnung, mit der die Datenbank im Kommando-Modus aufgerufen wird. Das Kürzel leitet sich von der englischen Bezeichnung des Fachgebiets her, dem die Datenbank zugeordnet wird. BIOL für Biology, REFR für Reference etc. Die Recherche kann im Befehls-Modus oder im Menü-Modus durchgeführt werden.

Agrarwissenschaft

AGRI1 AGRICOLA

AGRI3 CAB ABSTRACTS 1984-present

AGRI4 CAB ABSTRACTS 1972-1983

Altersforschung

SOCS4 AGELINE

Biologie

BIOL1 LIFE SCIENCES COLLECTION

BIOL2 CURRENT BIOTECHNOLGY ABSTRACTS

Chemie

CHEM1 CHAPMAN AND HALL CHEMICAL DATABASE

CHEM2 ANALYTICAL ABSTRACTS

CHEM3 THE AGROCHEMICALS HANDBOOK

CHEM5 KIRK-OTHMER ONLINE

Computer, EDV und Informatik

COMP1 INSPEC

COMP3 MICROCOMPUTER INDEX

COMP4 COMPUTER DATABASE
COMP5 MICROCOMPUTER SOFTWARE GUIDE
COMP6 BUSINESS SOFTWARE DATABASE
COMP7 MICRO SOFTWARE DIRECTORY (SOFT)
COMP8 COMPUTER NEWS FULLTEXT

Ernährungswissenschaft

FOOD1 FOOD SCIENCE AND TECHNOLOGY ABSTRACTS

Erziehung

EDUC1 ERIC
EDUC2 PETERSON'S COLLEGE DATABASE
EDUC3 PETERSON'S GRADLINE
EDUC4 A-V ONLINE
EDUC5 ACADEMIC INDEX

Geschichte

HIST1 AMERICA: HISTORY AND LIFE
HIST2 HISTORICAL ABSTRACTS

Ingenieurswissenschaften

ENGI1 COMPENDEX*PLUS
ENGI2 CHEMICAL ENGINEERING AND BIOTECHNOLOGY ABSTRACTS

Interdisziplinär

BOOK1 BOOKS IN PRINT
REFR1 QUOTATIONS DATABASE
REFR2 MARQUIS WHO'S WHO
REFR3 EVENTLINE

REFR4 MAGILL'S SURVEY OF CINEMA
REFR5 DISSERTATION ABSTRACTS ONLINE
REFR6 CONSUMER REPORTS
REFR7 EVERYMAN'S ENCYCLOPAEDIA
REFR8 PUBLIC OPINION ONLINE (POLL)

Kunst und Kunstgeschichte

ARTS1 ARTBIBLIOGRAPHIES MODERN
ARTS2 ART LITERATURE INTERNATIONAL (RILA)

Linguistik

LITS2 LINGUISTICS & LANGUAGE BEHAVIOR ABSTRACTS

Mathematik

MATH1 MATHSCI

Medizin

MEDI1 MEDLINE 1983-present
MEDI10 CANCERLIT
MEDI11 HEALTH PLANNING AND ADMINISTRATION
MEDI13 SPORT
MEDI14 NURSING AND ALLIED HEALTH
MEDI16 SMOKING AND HEALTH
MEDI17 AIDSLINE
MEDI2 MEDLINE 1966-present
MEDI3 EMBASE

Pharmazie

DRUG1 INTERNATIONAL PHARMACEUTICAL ABSTRACTS
DRUG2 DRUG INFORMATION FULLTEXT
DRUG4 THE MERCK INDEX ONLINE

Philosophie

SOCS3 PHILOSOPHER'S INDEX

Politik und Internationale Angelegenheiten

SOCS2 PAIS INTERNATIONAL

Psychologie

PSYC1 PsycINFO
PSYC2 MENTAL HEALTH ABSTRACTS

Rechtswissenschaft

LEGA1 LEGAL RESOURCE INDEX
LEGA2 BNA DAILY NEWS

Regierungspublikationen der USA

GOVE1 GPO PUBLICATIONS REFERENCE FILE
GOVE2 NTIS

Soziologie

SOCS1 SOCIOLOGICAL ABSTRACTS

Zeitungen, Zeitschriften und Nachrichtenagenturen

MAGA1 MAGAZINE INDEX

MAGA2 CANADIAN BUSINESS AND CURRENT AFFAIRS

NEWS1 NEWSEARCH

NEWS2 NATIONAL NEWSPAPER INDEX

NEWS3 UPI NEWS (aktuell)

NEWS4 UPI NEWS (Archiv)

NEWS6 USA TODAY

NEWS7 CURRENT DIGEST OF THE SOVIET PRESS

NEWS8 WASHINGTON POST ONLINE

NEWS9 PHILADELPHIA INQUIRER

NEWS10 LOS ANGELES TIMES

NEWS11 SAN JOSE MERCURY NEWS

NEWS12 CHICAGO TRIBUNE

NEWS13 BOSTON GLOBE

NEWS14 SAN FRANCISCO CHRONICLE

NEWS15 NEWSDAY AND NEW YORK NEWSDAY

NEWS16 AKRON BEACON JOURNAL

NEWS17 ARIZONA REPUBLIC- PHOENIX GAZETTE

NEWS18 ATLANTA JOURNAL - ATLANTA CONSTITUTION

NEWS19 BALTIMORE SUN

NEWS20 CHARLOTTE OBSERVER

NEWS21 CHRISTIAN SCIENCE MONITOR

NEWS22 COLUMBUS DISPATCH

NEWS24 DETROIT FREE PRESS

NEWS25 HOUSTON POST

NEWS26 MIAMI HERALD

NEWS27 OREGONIAN (Portland)

NEWS28 ORLANDO SENTINEL

NEWS29 PALM BEACH POST

NEWS30 RICHMOND NEWS LEADER - RICHMOND TIMES DISPATCH

NEWS31 ROCKY MOUNTAIN NEWS

NEWS32 SACRAMENTO BEE
NEWS33 SEATTLE TIMES
NEWS34 ST. LOUIS POST-DISPATCH
NEWS35 ST. PAUL PIONEER PRESS
NEWS36 SUN-SENTINEL (Fort Lauderdale)
NEWS37 TIMES-PICAYUNE (New Orleans)
NEWS39 PITTSBURGH PRESS

Theologie

RELI1 BIBLE (KING JAMES VERSION)
RELI2 RELIGION INDEX

Umwelt

ENVI1 POLLUTION ABSTRACTS

Wirtschaftswissenschaft

BUSI1 ABI/INFORM
BUSI2 TRADE AND INDUSTRY INDEX
BUSI3 HARVARD BUSINESS REVIEW
BUSI4 CHEMICAL BUSINESS NEWSBASE
BUSI5 BUSINESSWIRE
BUSI6 PR NEWSWIRE
CORP1 STANDARD & POOR'S NEWS
CORP2 ICC BRITISH COMPANY DIRECTORY
CORP3 STANDARD & POOR'S CORPORATE DESCRIPTIONS
CORP5 STANDARD & POOR'S REGISTER - BIOGRAPHICAL
CORP6 STANDARD & POOR'S REGISTER - CORPORATE
ECON1 ECONOMIC LITERATURE INDEX

2 KI Datenbanken in alphabetischer Reihenfolge

ABI/INFORM

Betriebswirtschaft, Firmenstrategien und Wirtschaftstrends; ab August 1971. Bibliographische Datenbank, z.T. Artikel im Volltext.

(BUSI1)

ACADEMIC INDEX

Indiziert werden Artikel schwerpunktmäßig aus Hochschulzeitschriften, die Themen von allgemeinem Interesse, sowie Sozial- und Geisteswissenschaften behandeln; ab 1976. Bibliographische Datenbank.

(EDUC5)

AGELINE

Wertet Zeitschriften aus, die sich mit den unterschiedlichen sozialen, psychologischen, medizinischen und ökonomischen Aspekten des Alterns beschäftigen; ab 1978. Bibliographische Datenbank.

(SOCS4)

AGRICOLA

Weltweite Informationen über Agragrwissenschaften; ab 1970.

Bibliographische Datenbank. AGRI1

THE AGROCHEMICALS HANDBOOK

Detaillierte wissenschaftliche Daten über Agrochemie; wird fortlaufend aktualisiert. Verzeichnis.

(CHEM3)

AIDSLINE

Wertet die medizinische Literatur aus, die sich mit AIDS beschäftigt; ab 1980. Bibliographische Datenbank.

(MEDI17)

AKRON BEACON JOURNAL

Ab 1989 to present. Volltext.

(NEWS16)

AMERICA: HISTORY AND LIFE

Ausgewertet wird die weltweit erscheinende Literatur zur Geschichte und Gegenwart Amerikas; ab 1964. Bibliographische Datenbank.

(HIST1)

ANALYTICAL ABSTRACTS

Abgedeckt wird das Gebiet der analytischen Chemie; ab 1980. Bibliographische Datenbank.

(CHEM2)

ARIZONA REPUBLIC - PHOENIX GAZETTE

Ab 1988; Volltext.
(NEWS17)

ART BIBLIOGRAPHIES MODERN

Abgedeckt wird das Gebeit der modernen Kunst; ab 1974. Bibliographische Datenbank.
(ARTS1)

ART LITERATURE INTERNATIONAL (RILA)

Abgedeckt wird die Literatur zur Geschichte der westlichen Kunst; ab 1973. Bibliographische Datenbank.

(ARTS2)

ATLANTA JOURNAL - ATLANTA CONSTITUTION

Ab 1989; Volltext.

(NEWS18)

A-V ONLINE

Verzeichnet sind Hinweise auf alle nicht gedruckten Medien, wie Filme, Videos u.a., die unterschiedliche Bereiche von Ausbildung und Erziehung betreffen; ab 1964. Bibliographische Datenbank.

(EDUC4)

BALTIMORE SUN

Ab 1989; Volltext.

(NEWS19)

BIBLE (KING JAMES VERSION)

Der vollständige Text der King James Bibel.

Volltext.

(RELI1)

BNA DAILY NEWS

Tägliche Nachrichten, die nationale und internationale, staatliche und private Aktivitäten betreffen; ab 1990. Volltext.

(LEGA2)

BOOKS IN PRINT

Verzeichnis der lieferbaren Bücher der USA; Aktualisierung fortlaufend. Bibliographische Datenbank.

(BOOK1)

BOSTON GLOBE

Ab 1980; Volltext.

(NEWS13)

BUSINESS SOFTWARE DATABASE

Beschreibungen von Computerprogrammen für Wirtschaft und Betrieb; Aktualisierung fortlaufend. Verzeichnis.

(COMP6)

BUSINESSWIRE

Pressemitteilungen von Firmen, Universitäten, Krankenhäusern, Forschungseinrichtungen und anderen Organisationen; ab 1986. Volltext.

(BUSI5)

BUYER'S GUIDE TO MICRO SOFTWARE (SOFT)

Verzeichnet Programme für Microcomputer, die es auf dem US-amerikanischen Markt gibt. Verzeichnis.

(COMP7)

CAB ABSTRACTS

Ausgewertet wird die weltweit erscheinende Literatur zur biologischen und agrarwissenschaftlichen Forschung; ab 1984. Bibliographische Datenbank.

(AGRI3)

CAB ABSTRACTS 1972-1983

Fachgebiet wie CAB ABSTRACTS; 1972 bis 1983. Bibliographische Datenbank.

(AGRI4)

CANADIAN BUSINESS AND CURRENT AFFAIRS

Indiziert werden Artikel aus rd. 180 kanadischen Wirtschaftszeitschriften, rd. 300 Magazinen, and 10 Zeitungen; ab Juli 1980. Bibliographische Datenbank.

(MAGA2)

CANCERLIT

Ausgewertet wird die weltweit erscheinende Literatur zur Krebsforschung; ab 1963. Bibliographische Datenbank.

(MEDI10)

CHAPMAN AND HALL CHEMICAL DATABASE

Beschreibung von über 175.000 chemischen Substanzen; Aktualisierung fortlaufend. Verzeichnis.

(CHEM1)

CHARLOTTE OBSERVER

Ab 1989; Volltext.

(NEWS20)

CHEMICAL BUSINESS NEWSBASE

Behandelt werden allgemeine Geschäftstätigkeit und internationaler Handel der chemischen Industrie; ab Oktober 1984. Bibliographische Datenbank.

(BUSI4)

CHEMICAL ENGINEERING AND BIOTECHNOLOGY ABSTRACTS

Abgedeckt werden die Bereiche Chemie und Biotechnologie; ab 1971. Bibliographische Datenbank.

(ENGI2)

CHICAGO TRIBUNE

Ab 1988; Volltext.

(NEWS12)

CHRISTIAN SCIENCE MONITOR

Ab 1989; Volltext.

(NEWS21)

COLUMBUS DISPATCH

Ab 1988; Volltext.

(NEWS22)

COMPENDEX*PLUS

Ausgewertet wird die weltweit erscheindende Literatur aus dem Bereich der Ingenieurswissenschaften; ab 1970. Bibliographische Datenbank.

(ENGI1)

COMPUTER DATABASE

Indiziert sind Artikel und andere Veröffentlichungen, die sich mit Computern, Telekommunikation und Elektronik befassen; ab 1983. Bibliographische Datenbank.

(COMP4)

COMPUTER NEWS FULLTEXT

Artikel aus den Zeitschriften „Computerworld“ und „Network World“; ab August 1989 (Computerworld) bzw. Oktober 1989 (Network World). Volltext.

(COMP8)

CONSUMER REPORTS

Die vollständigen Ausgaben von „Consumer Reports“; ab 1982. Volltext.

(REFR6)

CURRENT BIOTECHNOLGY ABSTRACTS

Ausgewertet wird die Literatur aus dem Bereich der Biotechnologie einschließlich Gentechnologie; ab 1983.

Bibliographische Datenbank.

(BIOL2)

CURRENT DIGEST OF THE SOVIET PRESS

Ausgewertet werden führende Zeitungen und Zeitschriften aus den Ländern der ehemaligen Sowjetunion; ab 1982. Bibliographische Datenbank, z.T. übersetzte Artikel im Volltext.

(NEWS7)

DAILY NEWS OF LOS ANGELES

Ab 1989; Volltext.

(NEWS23)

DETROIT FREE PRESS

Ab 1987; Volltext.

(NEWS24)

DISSERTATION ABSTRACTS ONLINE

Verzeichnet sind Dissertationen aus der ganzen Welt; aus den USA ab 1861, aus Kanada ab 1991 aus Europa ab 1988. Bibliographische Datenbank.

(REFR5)

DRUG INFORMATION FULLTEXT

Verzeichnet die Beschreibung von Drogen und Medikamenten; Aktualisierung fortlaufend. Volltext.

(DRUG2)

ECONOMIC LITERATURE INDEX

Ausgewertet wird die weltweit erscheinende wirtschaftswissenscahftliche Literatur; ab 1969. Bibliographische Datenbank.

(ECON1)

EMBASE

Indiziert ist die weltweit erscheinende Literatur aus dem Bereich der Biomedizin; ab Juni 1974. Bibliographische Datenbank.

(MEDI3)

ERIC

Ausgewertet wird Literatur aus dem Bereich der Erziehungswissenschaften; ab 1966. Bibliographische Datenbank.

(EDUC1)

EVENTLINE

Verzeichnet sind internationale Ereignisse aus unterschiedlichen Bereichen; ab Oktober 1989. Verzeichnis.

(REFR3)

EVERYMAN'S ENCYCLOPAEDIA

Die 6. Ausgabe von „Everyman's Encyclopedia". Volltext.

(REFR7)

FOOD SCIENCE AND TECHNOLOGY ABSTRACTS

Ausgewertet wird Literatur aus dem Bereich der Ernährungswissenschaft; ab 1969. Bibliographische Datenbank.

(FOOD1)

GPO PUBLICATIONS REFERENCE FILE

Verzeichnis der US-Regierungspublikationen; ab 1971. Bibliographische Datenbank.

(GOVE1)

HARVARD BUSINESS REVIEW

Die Artikel des „Harvard Business Review"; ab 1976. Volltext.

(BUSI3)

HEALTH PLANNING AND ADMINISTRATION

Ausgewertet wird die nichtklinische Forschungsliteratur über alle Aspekte des Gesundheitswesens; ab 1975. Bibliographische Datenbank.

(MEDI11)

HISTORICAL ABSTRACTS

Ausgewertet wird die weltweit erscheinende Literatur zum Bereich der Geschichte ab 1450; ab 1973. Bibliographische Datenbank.

(HIST2)

HOUSTON POST

Ab 1988; Volltext.

(NEWS25)

ICC BRITISH COMPANY DIRECTORY

Verzeichnis der Gesellschaften mit beschränkter Haftung (limited), die in Großbritannien registriert sind; Aktualisierung fortlaufend. Verzeichnis.

(CORP2)

INSPEC

Abgedeckt werden die Bereiche Computer, Elektronik, Elektrotechnik und Physik; ab 1969. Bibliographische Datenbank.

(COMP1)

INTERNATIONAL PHARMACEUTICAL ABSTRACTS

Ausgewertet wirddie Literatur aus dem Bereich der Pharamzie; ab 1970. Bibliographische Datenbank.

(DRUG1)

KIRK-OTHMER ONLINE

Die 3. Ausgabe von „Kirk-Othmer Encyclopedia of Chemical Technology“. Volltext.

(CHEM5)

LEGAL RESOURCE INDEX

Indiziert werden Aufsätze aus über 750 Zeitschriften der Rechtswissenschaften; ab 1980. Bibliographische Datenbank.

(LEGA1)

LIFE SCIENCES COLLECTION

Ausgewertet wird die weltweit erscheinende Forschungsliteratur aus den Bereichen Biochemie, Biologie, Medizin, Mikrobiologie und Ökologie; ab 1978. Bibliographische Datenbank.

(BIOL1)

LINGUISTICS & LANGUAGE BEHAVIOR ABSTRACTS

Ausgewertet wird die weltweit erscheinende Literatur aus dem Bereich der Linguistik; ab 1973. Bibliographische Datenbank.

(LITS2)

LOS ANGELES TIMES

Ab 1985; Volltext.

(NEWS10)

MAGAZINE INDEX

Indiziert sind Artikel aus über 400 Zeitschriften der USA von 1959 bis März 1970 und ab 1973 fortlaufend. Bibliographische Datenbank.

(MAGA1)

MAGILL'S SURVEY OF CINEMA

Filmbesprechungen zu über 1800 Filmen seit 1902. Bibliographische Datenbank und Volltext.

(REFR4)

MARQUIS WHO'S WHO

Verzeichnis von rd. 75.000 Biographien von Prominenten aus den USA; Aktualisierung fortlaufend. Volltext.

(REFR2)

MATHSCI

Verzeichnet wird die weltweit erscheinende Literatur im Bereich der Mathematik; ab 1973. Bibliographische Datenbank.

(MATH1)

MEDLINE 1966-present

Indiziert sind Aufsätze und Forschungsliteratur aus dem Bereich der Biomedizin. Bibliographische Datenbank.

(MEDI2)

MEDLINE 1983-present

Indiziert sind Aufsätze und Forschungsliteratur aus dem Bereich der Biomedizin. Bibliographische Datenbank.

(MEDI1)

MENTAL HEALTH ABSTRACTS

Ausgeweret wird die weltweit erscheinende Literatur aus dem Gebiet des Psychologie, ausgewertet werden rd. 1200 Zeitschriften; ab 1969. Bibliographische Datenbank.

(PSYC2)

THE MERCK INDEX ONLINE

Aktualisierte und erweiterte Ausgabe des Merck Index, einem international anerkannten Lexikon aus dem Bereich der Biologie, Chemie und Pharmazie. Volltext.

(DRUG4)

MIAMI HERALD

Ab 1983; Volltext.

(NEWS26)

MICROCOMPUTER INDEX

Ausgewertet wird Literatur, die sich mit den Möglichkeiten des Einsatzes von Mikrocomputern in Ausbildung, Wirtschaft und Privatleben befaßt; ab 1981. Bibliographische Datenbank.

(COMP3)

MICROCOMPUTER SOFTWARE & HARDWARE GUIDE

Enthält Informationen über die auf dem US-amerikanischen Markt verfügbaren Programme für Mikrocomputer sowie über Peripheriegeräte; Aktualisierung fortlaufend. Verzeichnis.

(COMP5)

NATIONAL NEWSPAPER INDEX

Indiziert werden vor allem die Artikel der Zeitungen Wall Street Journal, New York Times, Christian Science Monitor, Los Angeles Times und der Washington Post; ab 1979 bzw. ab 1982 (Los Angeles Times und Washington Post). Bibliographische Datenbank.

(NEWS2)

NEWSDAY AND NEW YORK NEWSDAY

Ab 1987; Volltext.

(NEWS15)

NEWSEARCH

Indiziert werden die die Nachrichten der letzten 30 Tage; tägliche Aktualisierung. Bibliographische Datenbank.

(NEWS1)

NTIS

Index der von der US-Regierung geförderten Berichte und Gutachten aus den Bereichen Forschung- und Entwicklung; ab 1964. Bibliographische Datenbank.

(GOVE2)

NURSING AND ALLIED HEALTH

Abgedeckt werden alle Bereiche der Krankenpflege und benachbarter Gebiete; ab 1983. Bibliographische Datenbank.

(MEDI14)

OREGONIAN (Portland)

Ab 1989; Volltext.

(NEWS27)

ORLANDO SENTINEL

Ab 1988; Volltext.

(NEWS28)

PAIS INTERNATIONAL

Abgedeckt werden alle Bereiche der nationalen und internationalen Politik; ab 1972 (PAIS Foreign Language Index) bzw. 1976 (PAIS Bulletin). Bibliographische Datenbank.

(SOCS2)

PALM BEACH POST

Ab 1989; Volltext.

(NEWS29)

PETERSON'S COLLEGE DATABASE

Beschreibung von rd. 4.700 Colleges und Universitäten der USA; Aktualisierung fortlaufend. Verzeichnis.

(EDUC2)

PETERSON'S GRADLINE

Beschreibung von rd. 2.600 anerkannten Institutionen in den USA und Kanada, mit Studiengängen für Graduierte; Aktualisierung fortlaufend. Verzeichnis.

(EDUC3)

PHILADELPHIA INQUIRER

Ab 1983; Volltext.

(NEWS9)

PHILOSOPHER'S INDEX

Abgedeckt wird der Bereich der Philospohie und verwandter Disziplinen; ab 1940. Bibliographische Datenbank.

(SOCS3)

PITTSBURGH PRESS

Ab 1989; Volltext.

(NEWS39)

POLLUTION ABSTRACTS

Ausgewertet wird Literatur zum Bereich der Umweltverschmutzung; ab 1970. Bibliographische Datenbank.

(ENVI1)

PR NEWSWIRE

Meldungen von Firmen, PR Agenturen, Wirtschaftsverbänden und staatlichen Stellen, der größte Teil Wirtschaftsinformationen; ab Mai 1987. Volltext.

(BUSI6)

PsycINFO

Abgedeckt wird der Bereich der Psychologie und Verhaltensforschung; ab 1967. Bibliographische Datenbank.

(PSYC1)

PUBLIC OPINION ONLINE (POLL)

Meinungsumfragen der führenden Forschungsinstitute aus den USA zu den unterschiedlichsten Bereichen von 1940 bis 1959 und ab 1960 fortlaufend. Volltext.

(REFR8)

QUOTATIONS DATABASE

Lexikon der Zitate. Volltext.

(REFR1)

RELIGION INDEX

Indiziert sind Aufsätze zu allen Aspekten der Religion, von Bibelkunde über Kirchengeschichte bis zu Psychologie und Soziologie; ab 1975. Bibliographische Datenbank.

(RELI2)

RICHMOND NEWS LEADER - RICHMOND TIMES DISPATCH

Ab 1989; Volltext.

(NEWS30)

ROCKY MOUNTAIN NEWS

Ab 1989; Volltext.

(NEWS31)

SACRAMENTO BEE

Ab 1988; Volltext.

(NEWS32)

ST. LOUIS POST-DISPATCH

Ab 1988; Volltext.

(NEWS34)

ST. PAUL PIONEER PRESS

Ab 1988; Volltext.

(NEWS35)

SAN FRANCISCO CHRONICLE

Ab 1988; Volltext.

(NEWS14)

SAN JOSE MERCURY NEWS

Ab 1985; Volltext.

(NEWS11)

SEATTLE TIMES

Ab 1989; Volltext.

(NEWS33)

SMOKING AND HEALTH

Ausgewertet werden Aufsätze über Rauchen und Gesundheit; ab 1960. Bibliographische Datenbank. MEDI16

SOCIOLOGICAL ABSTRACTS

Ausgewertet wird die weltweit erscheinende soziologische Literatur; ab 1963. Bibliographische Datenbank.

(SOCS1)

SPORT

Abgedeckt wird der Bereich Sportmedizin und Fitness; ab 1949 (Monographien) bzw. ab 1975 (Aufsätze). Bibliographische Datenbank.

(MEDI13)

STANDARD & POOR'S CORPORATE DESCRIPTIONS

Beschreibung und Geschäftsverlauf von über 12.000 Publikumsgesellschaften der USA; Aktualisierung fortlaufend. Verzeichnis.

(CORP3)

STANDARD & POOR'S NEWS

Nachrichten über die Geschäftstätigkeit von über 12.000 Publikumsgesellschaften der USA; ab 1979. Volltext.

(CORP1)

STANDARD & POOR'S REGISTER - BIOGRAPHICAL

Verzeichnis von rd. 72.000 Führungskräften der wichtigsten Unternehmen der USA; Aktualisierung fortlaufend. Verzeichnis.

(CORP5)

STANDARD & POOR'S REGISTER - CORPORATE

Verzeichnis von rd. 44.000 führenden Unternehmen der USA; Aktualisierung fortlaufend. Verzeichnis.

(CORP6)

SUN-SENTINEL (Fort Lauderdale)

Ab 1988; Volltext.

(NEWS36)

TIMES-PICAYUNE (New Orleans)

Ab 1989; Volltext.

(NEWS37)

TRADE AND INDUSTRY INDEX

Indiziert werden Artikel aus den Bereichen Handel und Industrie; ab 1981. Bibliographische Datenbank.

(BUSI2)

UPI NEWS

Die Nachrichten der Presseagentur UPI; die Datei NEWS3 beinhaltet die Meldungen der letzten 6 Monate und NEWS4 archiviert die Nachrichten ab April 1983. Volltext.

(NEWS3, NEWS4)

USA TODAY

Ab 1988; Volltext.

(NEWS6)

WASHINGTON POST ONLINE

Ab 1983; Volltext.

(NEWS8)

Literaturverzeichnis

Verzeichnisse

Gale Directory of Databases. Hrsg. von Kathleen Young Marcaccio. Detroit, London, Washington 1993. (Erscheint halbjährlich)

Handbuch der Wirtschaftsdatenbanken. Hrsg. von Scientific-Consulting Dr. Schulte-Hillen, Darmstadt 1992.

Handbuch der Datenbanken für Naturwissenschaft, Technik und Patente. Hrsg. von Scientific-Consulting Dr.Schulte-Hillen, Darmstadt 1992.

Verzeichnis deutscher Datenbanken, Datenbank-Betreiber und Informationsvermittlungsstellen. Hrsg. von der Gesellschaft für Mathematik und Datenverarbeitung mbH. München, New York, 1988.

Verzeichnis deutscher Informations- und Dokumentationsstellen. Hrsg. von der Gesellschaft für Mathematik und Datenverarbeitung mbH (GMD). München, New York u.a. 1990.

Who is Who. Das Jahrbuch der Online-Szene 1992/93. Hrsg. von der AFI Arbeitsgemeinschaft Fachinformation e.V. und der Frankfurt Messe. Frankfurt/Main 1992.

Aufsätze, Broschüren, Bücher

Allischewski, Helmut, Bibliographienkunde. Ein Lehrbuch mit Beschreibungen von mehr als 300 Druckschriftenverzeichnissen und allgemeinen Nachschlagewerken. Wiesbaden 1986.

Astrath, Dirk, DFÜ und BTX. Eine Einführung in Datenfernübertragung und Bildschirmtext. München 1992.

Bauer, Friedrich L. und Goss, Gerhard, Informatik. Eine einführende Übersicht. Berlin, Heidelberg, New-York 1982.

Bibliotheken mit öffentlich zugänglichem On-line-Publikumskatalog OPAC. Zusammengestellt von Traute Braun und Astrid Werner. Hrsg. vom Deutschen Bibliotheksinstitut. Berlin 1993.

Buba, Eike-Manfred, Computernetze. Reinbek 1991.

Darimont, Albrecht, BTX und DFÜ auf dem PC. Ein praxisorientierter Leitfaden zum Thema Datenfernverarbeitung, Telekommunikation und Bildschirmtext. Wiesbaden 1992.

Datenbanken und Datenverwaltungssysteme als Werkzeuge historischer Forschung. Hrsg. von Manfred Thaller. St. Katharinen 1986.

Duelli, Harald, Der PC am Postnetz. Würzburg 1991.

Fachinformationsprogramm der Bundesregierung 1990-1994. Hrsg. vom Bundesminister für Forschung und Technologie. Bonn 1991.

Füller, Klaus, Host On Line. Mit dem PC an Datenbank und Mailbox. Würzburg 1987.

Gerlach, H.; Keitz, W. von; Keitz, S. von; Modernes Online-Retrieval. Der Weg zu den Wissensspeichern der Welt am Beispiel der DIALOG-Datenbanken. Weinheim, Basel 1993.

Huthloff, Christa R. und Hoffmann, Bernward, Online-bibliographieren in allgemeinbibliographischen Datenbanken. 1986.

Kmuche, Wolfgang, Umgang mit externen Datenbanken. Ein praktischer Leitfaden für die maßgeschneiderte Informationsbeschaffung durch externe Datenbanken. 3. Aufl. München 1990.

Krol, Ed, The Whole Internet: User's Guide and Catalog. Sebastopol 1992.

LaQUEY, Tracy, und Ryer, Jeanne C., The Internet Companion. A Beginner's Guide to Global Networking. 4. Aufl. Reading, New York (u.a.) 1993.

Löbbe, Jens, Literaturbeschaffung mit dem PC. Online Datenbanken in Studium und Beruf. Lünen 1991

Maier, Gunther und Wildberger, Andreas, In 8 Sekunden um die Welt. Kommunikation über das Internet Bonn, New York, Paris (u.a.) 1993.

Online - immer auf Draht. Bearbeitet von J. Lüstorff und H.-H. Harms. Hrsg. von P. Blumendorf. Eggenstein-Leopoldshafen 1987.

Otto, Peter und Sonntag, Philipp, Wege in die Informationsgesellschaft. Strukturprobleme in Wirtschaft und Politik. München 1985.

Rompel, Helmut, Mit PCs an Online-Datenbanken. Der schnelle Draht zur Information. München 1988.

Rowney, Don Karl, "The microcomputer in historical research: accessing commercial databases", in: Datenbanken und Datenverwaltungssysteme, S.217-231.

Ruda, Sonja, "Abstracting. Eine Auswahlbibliographie", in: Nachrichten für Dokumentation (nfd), 1992, Nr.5, S.283-292.

Schubert, Steffen, Online Datenbanken. Düsseldorf 1986.

Staud, Josef, Online Datenbanken. Aufbau, Struktur, Abfragen. Bonn, München u.a. 1991.

Das Telekom-Buch 1992. Hrsg. von der Deutschen Bundespost Telekom. Bonn 1992.

Tibbo, Helen Ruth, Abstracts, online searching, and the humanities: An analysis of the structure and content of abstracts of historical discourse. Dissertation. University of Maryland 1989.

Weide, K. und Pascal, J., CompuServe. Eine Erkundungsreise durch die größte Mailbox der Welt. München 1992.

Wiederhold, Gio, Datenbanken. Analyse, Design, Erfahrungen. 2 Bde. München, Wien 1980.

Zehnder, Carl A., Informationssysteme und Datenbanken. Stuttgart 1989.

Zwischenbilanz 1992 zum Fachinformationsprogramm der Bundesregierung 1990-1994. Hrsg. vom Bundesminister für Forschung und Technologie. Bonn 1993.

Zeitschriften

Cogito - Informationen wirtschaftlich nutzen. Darmstadt.

INFOdoc, Technologien für Information und Dokumentation. Essen.

Matrix News. Austin. Texas.

nfd, Nachrichten für Dokumentation. Zeitschrift für Informationswissenschaft- und praxis. Hrsg. von der Deutschen Gesellschaft für Dokumentation e.V. Frankfurt am Main.

Sachwortverzeichnis

D

E

F

G

H

J

K

L

M

N

O

P

Q

R

S

T

U